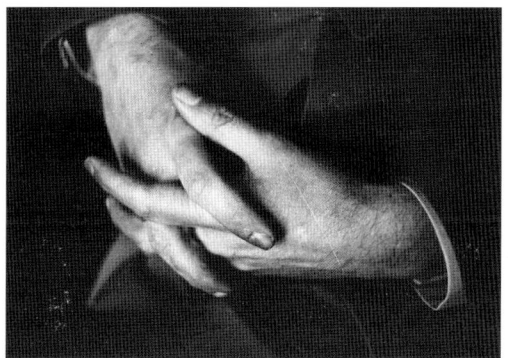

BURROUGHS

EINE
BILD-BIOGRAPHIE

Herausgegeben von Michael Köhler
Text von Carl Weissner

Mit Beiträgen von
Glen Burns, Timothy Leary und Jürgen Ploog

NiSHEN

Coverabbildung, Serie von Polaroid-Por-
traits von Andy Warhol, New York, 1980.
(Bobby Grossmann); Schmutztitel (Seite 1),
Paris, 1959. (Harold Chapman); Frontispiz
(Seite 2), London, 1972. (Gerald Malanga)

Bei Interesse am Erwerb von Orginal-
abzügen wenden Sie sich bitte an Michael
Köhler, Zieblandstraße 10, D-80799
München.

Der Verlag dankt den Verlagen Limes,
Maro und Zweitausendeins für die freund-
liche Genehmigung zur Verwendung von
Zitaten aus folgenden Burroughs Werken:
JUNKIE © 1963, NAKED LUNCH © 1962, NOVA
EXPRESS © 1970 by Limes Verlag,
Wiesbaden; DIE ALTEN FILME © 1979 by
Maro Verlag, Augsburg; EXTERMINATOR
© 1987, BRIEFE AN ALLEN GINSBERG © 1989
by Zweitausendeins, Frankfurt / M.

Gerne schicken wir Ihnen weitere Informa-
tionen über die im Verlag erschienenen
Titel. Schreiben Sie bei Interesse eine
Postkarte an die untenstehende Adresse.

Redaktion: Alexander Steffen
Lithografie: Reprotronic, Berlin
Druck / Bindung: Druckhaus am
Treptower Park, Berlin

Der Verlag dankt allen Beteiligten.

ISBN 3 88940 092 2

INHALT

Michael Köhler   7   WSB ZUM ACHTZIGSTEN - EIN SALUT!

Jürgen Ploog   11   IM WORTRAUM UNTERWEGS

Carl Weissner   DAS BURROUGHS-EXPERIMENT

    22   DIE FRÜHEN JAHRE

    32   BEAT GENERATION

    52   EL HOMBRE INVISIBLE

    66   CUT-UP

    84   DER BUNKER

    98   WESTERN LANDS

Glen Burns   117   CRAZY WISDOM

Timothy Leary   127   DAS LEBEN IST EIN COMIC STRIP

    128   DANKSAGUNG

      ANHANG

    131   BIBLIOGRAPHIE

    139   DISCOGRAPHIE

    140   FILMOGRAPHIE

    141   AUSSTELLUNGEN

    142   INDEX

Im Hôtel du Vieux Paris, dem ehemaligen
Beat Hotel in der Rue Gît-le-Coeur, Paris.
(Martin Fraudreau)

W S B ZUM ACHTZIGSTEN - EIN SALUT!

Michael Köhler

Burroughs is original Genius, prose-poet with extraordinary ear for speech styles; naked eye for hypnotic detail; penetrating mind, innovator of forms, ideas, moods in novels and cultural symbols; his 'outrageous' experiments deconditioning writer & reader from technologic police state tyranny have provided decades of inspirations for artists worldwide from Beat thru Hip, Punk & Postmodernist generations. He improves with age, as do his books.
Allen Ginsberg (Text der Laudatio zur Aufnahme von Burroughs in das American Institute of Arts and Letters 1983)

In diesem Jahr wird William S. Burroughs achtzig Jahre alt. Wilkommener Anlaß, wie wir - Herausgeber und Verleger - meinten, die bewegte Vita des Autors noch einmal Revue passieren zu lassen. Dabei wollten wir unsere grundsätzliche Sympathie für den Mann nicht verhehlen, aber auch nicht unkritisch sein. Ihn rundum zu beleuchten ohne die dunkleren Seiten auszusparen, war unser Ziel. Das glaubten wir gerade diesem Autor schuldig zu sein, den wir nicht zuletzt deshalb schätzen, weil sein Werk *und* sein Leben in all ihren bisherigen Phasen einem kompromißlosen Nonkonformismus folgten.

TAKE ONE: LEBEN, WERK & DIE LEGENDE

Yes, well, what can you know about anybody? Book or photographs, they don't tell you much about a person.
Bob Dylan

Die Verbindungen zwischen Leben, Werk und Legende sind in Burroughs' Fall vielschichtig und verwickelt. Am bekanntesten ist seine Legende, das Bild, das die Medien von ihm tradieren. Insofern gehört Burroughs zu den exemplarischen Fällen der Autorenbiographie unter den Bedingungen der Postmoderne. Person, Vita und Werk sind der Öffentlichkeit weitgehend unbekannt und für Presse und Fernsehen auch nur soweit von Interesse, als sie die Stichworte für jene Phantasmagorie aus Fakten und Fiktion liefern, zu denen die biographischen Daten sich synthetisieren lassen müssen, damit der Autor fürs Publikum zum Faszinosum werden kann.
In Burroughs' Fall beruht die Faszination seines Medienimage vor allem auf der Stilisierung zu 'Crazy Bill', dem exzentrischen Gelehrten, die in der rätselhaften Dialektik von äußerer Erscheinung - dem Pokerface im stets korrekten Banker-Outfit aus dunklem Anzug mit Weste, Krawatte und Trilby – und der Behauptung gründet, sein Leben sei ein einziger wilder Drogenexzess und er deshalb der verläßlichste Experte ihrer Wirkungen und Folgen und damit die Graue Eminenz nicht nur der 'Beat Generation', sondern des gesamten kulturellen Underground seit dem Ausgang der fünfziger Jahre.
Pikanterweise ist diese Mythologisierung von Burroughs zu einer uramerikanischen Variante der Faust-Figur jedoch keine Erfindung der Medien. Die haben sie nur aufgegriffen und popularisiert. Sie geht vielmehr zurück auf "Old Bull Lee", die (fiktionalisierte) Beschreibung, die Burroughs' Freund Jack Keruac in ON THE ROAD von ihm lieferte, und diese wiederum auf "William Lee", Burroughs Alter Ego in seinen beiden ersten, autobiografischer Romanen JUNKIE und QUEER.

Daß Burroughs, indem er sich lieber selbst 'erfand', als sich 'erfinden' zu lassen, nicht zum Opfer der Medien wurde, sondern zu ihrem trickreichen Manipulator, weist ihn abermals als exemplarischen Autor der Postmoderne aus. Dieser Versuch, sein Medienimage zu kontrollieren, ist, wie Carl Weissner mit dem Titel DAS BURROUGHS-EXPE-RIMENT für den Hauptteil dieses Buches meint, nur Teil einer weit umfassenderen Strategie, nämlich der, die traditionelle Grenze zwischen Leben und Werk, Literatur und Wirklichkeit zu verwischen, beide denselben Gesetzen zu unterwerfen und so zu einem nahtlosen Gesamtkunstwerk zusammenzufügen, dessen Grundsatz lautet: *Nothing is true, everything permitted.*

TAKE TWO: ZOFF IM REALITY STUDIO

Q: You've made wide use of the phrase "Nothing is true - everything is permitted ". What does that mean ?
A: Those are the last words of Hassan i Sabbah, the Old Man of the Mountain. It means that if everything is an illusion, then everything is permitted. When things become real, definite, then they are not permitted. Now, our culture, by and large, absolutely reverses that – everything is true and nothing is permitted. Make everything true and permit nothing.

Burroughs hat mehrfach angemerkt, alle seine Romane und Erzählungen seien als – mehr oder minder willkürlich herausgeschnittene – Teile eines zusammenhängenden Riesenwerks zu lesen. Und was die Inhalte dieses Riesenwerks betrifft, so hat er betont, er habe immer nur über eines berichten können, nämlich das, was seine Sinne im Augenblick des Schreibens wahrgenommen hätten. Burroughs, ein realistischer Autor also? Gewiß – auch wenn dies zunächst unglaublich klingen mag ob des überwiegend sur-real anmutenden Universums Burroughs'-scher Erzählungen.
Die naturalistische Schilderung der Außenwelt, die man bei Burroughs tatsächlich nur selten findet, ist nämlich als Methode des literarischen Realismus höchstens für den Roman des vorigen Jahrhunderts kennzeichnend und verbindlich. In unserem Jahrhundert stellte sich dem Autor dagegen als primäre Aufgabe die ebenso minutiöse Aufzeichnung der Innenwelt seiner Figuren, vor allem ihrer Bewußtseinsströme. In dieser Tradition gehört Burroughs zu den radikalsten Autoren, indem seine Erzählungen ausschließlich Innenwelt schildern – und dies mit kompro-

mißlosem Realismus, sprich, mit der Kälte und Präzision eines wissenschaftlichen Protokolls, ohne Rücksicht auf traditionelle Konventionen 'guten Geschmacks' und Angst vor vielleicht peinlichen Enthüllungen, rückhaltlos offen bis hin zur totalen Entblößung des intimen Ichs. Denn die Themen und Motive Burroughs'scher Erzählungen sind keine Erfindungen. Was er schildert, ist in jedem Fall das eigene Bewußtsein, sind Katastrophen, Obsessionen und Halluzinationen, die er tatsächlich – am und im eigenen Leib – zu bestehen hatte.

Mag sein, daß Burroughs mit diesem Verfahren den alten, an der Außenwelt orientierten Realismus buchstäblich auf den Kopf stellt. Doch das sei jetzt unsere einzige Chance, insistiert er, der zwanghaften Wiederholung des Immer-Gleichen zu entrinnen. Und dies nicht nur im literarischen Universum. Denn Burroughs' Oeuvre folgt auch in der Hinsicht dem Programm des literarischen Realismus, daß es eine fundamentale Kritik an den bestehenden Verhältnissen entfaltet. Was wir als 'wirklich / true' betrachten und 'Realität' nennen, ist in Wirklichkeit nicht mehr als eine mentale Konstruktion, behauptet er, eine psychische Konditionierung, die mittlerweile von sinistren Mächten kontrolliert wird. Die benutzen das herrschende Weltbild jetzt, um einen bloß ihnen und ihren verbrecherischen Absichten dienlichen Status quo zu sichern und uns, die wir nicht zu den Kontrolleuren gehören, darin als blinde Sklaven des Prinzips zu halten: E*verything is true and nothing permitted.*
Burroughs hat für den Kern seiner Realitäts- und Realismus-Kritik zwei ungemein prägnante Metaphern gefunden: die Formel, Sprache sei ein Virus, der Jürgen Ploog in seiner Einführung IM WORTRAUM UNTERWEGS nachgeht; und das Bild vom "Reality Studio", wo sich Realität als Film entwickelt, der sich dann in endlosen Wiederholungen abspult – es sei denn, jemand dringt ins Studio ein, ändert das Drehbuch oder gibt dem Film einen neuen Schnitt; oder schießt einfach Löcher ins Zelluloid der Wirklichkeit, auf daß endlich Durchblicke in andere, parallele bzw. alternative Realitäten frei werden.
Die im Bild des "Reality Studio" mitgelieferten Strategien, was zu tun sei, um sich und die Welt aus jenem Drehbuch, das uns zur zwanghaften Wiederholung des schlechten Immer-Gleichen verurteilt, in die Freiheit neuer Optionen zu katapultieren, sind von Burroughs nicht bloß metaphorisch gemeint sind, sondern als dringliche Aufforderungen an seine Leser zu emanzipatorischem Handeln zu verstehen. Wie ernst es ihm damit ist, geht auch daraus

hervor, daß diese Strategien – wie Glen Burns in seinem Beitrag über Bill's CRAZY WISDOM darlegt – eines der beständigsten Leitmotive im Burroughs'schen Oeuvre bilden; und bestätigt sich weiter darin, daß große Teile seiner Interviews immer wieder um eben dieses eine Thema kreisen.

Schließlich ist sicher auch nicht zu übersehen, daß Burroughs selbst mit gutem Beispiel vorangegangen ist und die Hauptrolle im Drehbuch seines eigenen Lebens nicht nur einmal, sondern gleich mehrfach umgeschrieben hat: Aus dem gutsituierten Senior Executive, zu dem ihn seine Herkunft eigentlich prädestinierte, wurde der Harvard-graduierte Bohemian und aus diesem der fast terminale Junkie, aus dem wiederum der Avantgarde-Autor hervorging, der sich am Ende in einen Maler verwandelte und zu guter Letzt – welch subtile Ironie – eben jene gesellschaftliche Anerkennung genießt, die ihm nach der ersten Version des Drehbuchs – wenngleich auf ganz anderem Wege – auch hätte zufallen sollen.

In diesem Sinne ist das 'Burroughs-Experiment' einer "Stürmung des Reality Studios" wohl als gelungen zu betrachten. Oder leisten wir mit dieser Interpretation nur einer neuen Burroughs-Legende Vorschub? Vielleicht. Aber ist nicht jede Art von Biographie letzlich doch nur eine Form von Dichtung, Erzählung, Fiktion? Wie dem auch sei – worauf es hier ankommt, scheint mir vielmehr dies: die Utopie, den opaken Film der gegenwärtigen Wirklichkeit durchlöchern zu können, um durch sie hindurch in eine andere zu wechseln, braucht – wie Burroughs zeigt – noch nicht abgeschrieben zu werden – nicht in der Literatur, und nicht im sogenannten 'wirklichen' Leben. Denn auch dort läßt sich das Prinzip Hassan i Sabbahs *Nothing is true everything is permitted* noch immer verwirklichen. Siehe den Hauptteil dieses Buches.

TAKE THREE: VERGLEICHE

Burroughs is the greatest satirical writer since Jonathan Swift. Jack Kerouac

The first original writer since James Joyce.
Anthony Burgess

Burroughs is our only native talent exotic enough to compare with Borges, Cortazar, Céline, and other foreign innovators. Chicago Tribune

A man who, like Jean Genet, has come out the other side of Hell. Library Journal

Burroughs' Werke fügen sich absichtslos zusammen, wie wir wissen, ihre jeweilige Form und Struktur verdankten sie dem Zufall. Bei zwei anderen Künstlern war das ebenso der Fall. Zufälligerweise gehören sie zu Burroughs' Generation und stammen, wie er, aus dem amerikanischen Westen. Es sind Jackson Pollock aus Cody, Wyoming (1912-1956) und John Cage aus Los Angeles, California (1912-1992).

POSTSKRIPT

My purpose in writing has always been to express human potentials and purposes relevant to the Space Age – I am primarily concerned with the question of survival – Man is an artefact created for the purpose of Space travel. But Man is in a state of arrested evolution – Time is that which ends, and Man is in Time – The transition from Time to Space is quite drastic as the evolutionary transition from water to land – But who or what is keeping us from realizing our biological and spiritual destiny in Space? – Our little local war comes down to a conflict between those who must go into Space or die, and those who, owing to a parasitic dependence on humans, will die if we go – I consider that immortality is the only goal worth striving for – Immortality is something you have to work and fight for, like everything else in this life or another – We are not fighting for a scrap of sharecropper immortality with the strings hanging off it like mafioso spaghetti. We want the whole tamale – The Old Man of the Mountain discovered that immortality is possible in Space, and that this is the Western Lands of the Egyptian Book of the Dead – The Western Lands is a real place. It exists, and we built it, with our hands and our brains – We paid for it with our blood and our lives – it's ours, and we're going to take it. William Burroughs

"Bewundern", heißt laut Paul Valérie, "spüren, daß viel zu lernen ist." Im Lauf der Arbeit an diesem Buch hat sich meine Sympathie für die Person des William Seward Burroughs II, so sein vollständiger bürgerlicher Name, zu derart verstandener Bewunderung gesteigert. Mehr noch aber für den Autor und sein literarisches Oeuvre. So hoffe ich denn, das die bessere Kenntnis seiner Biographie den Leser ebenso wie mich neugierig machen wird auf ein Studium des Burroughs'schen Erzählwerks.

IM WORTRAUM UNTERWEGS

Jürgen Ploog

Als ich Burroughs 1969 in London das erste Mal gegenübertrat, war er ein zurückhaltender, wenig gesprächiger, formell auftretender Mann. Ein Gespräch mit ihm ergab sich nicht von selbst, es kam erst in Gang, wenn man als Gegenüber den Schlüssel für einen Dialog gefunden hatte.

Sein romanhaftes Werk NAKED LUNCH hatte sofort nachhaltigen Eindruck auf mich gemacht, & sicher, schon damals war er unter den an zeitgenössischer Literatur Interessierten eine auratische Figur, in der sich vieles von dem, was seinerzeit als Subkultur verstanden wurde, prismatisch in seltener Vernetzung von Werk & Lebenslauf verband: Drogenerfahrung, eine Biographie, die jenseits jeder konventionellen Schablone verlief & eine literarische Produktion, die konsequent gängige Regeln des Mediums ignorierte & durchbrach.

Neulich wurde die Frage aufgeworfen, was ihn für Deutsche so interessant mache. Die Frage blieb offen im Kreis derer, mit denen ich zusammen war. Heute scheint mir, dass die Antwort damit zu tun haben mag, dass der Mann etwas Faustisches hat & jahrzehntelang mit der dunklen Seite seines Wesens, dem 'Ugly Spirit', gehadert hat. Keine Frage, er ist ein moderner Faust, der sich zeitlebens in tiefer Verstrickung mit seinen seelischen Anlagen herumgeschlagen (noch mit 43 Jahren unterzog er sich einer Psychoanalyse) & seinen Weg durch alle Gefahren einer Bedrohung gemacht hat, die weit mehr als eine individuelle war. (Ein Aspekt, der 1989 in seiner Mitarbeit an der Robert Wilson-Produktion von BLACK RIDER – einer Paraphrase des Freischütz-Motivs – seinen Niederschlag fand.) Sein Werk ist zu grossen Teilen das Protokoll einer Lebensreise, die eine harte Auseinandersetzung mit höchst widrigen, von depressiven Phasen durchzogenen Umständen war. Dieser Punkt ist genau das, was Burroughs für viele, die im 'Schriftsteller' einen Produzenten kulinarischer Sprachgebilde sehen, unfassbar macht.

Seine Biographie belegt, dass er lange Zeit auf der Suche nach einer Lösung, wenn nicht Erlösung von seinen inneren Konflikten war & dass schliesslich Schreiben für ihn nur eine Möglichkeit unter vielen Auswegen war. Auch aus der Sucht. Schreiben (das er übrigens mit dem Reisen gleichsetzt) allein blieb übrig, nachdem sich anderes nicht realisierte. Unglaublich fast, dass er in den 40er Jahren ernsthaft daran dachte, sich als Farmer zu etablieren.

Er ist 39, als sein erstes Buch erscheint, JUNKIE, ein Bericht über seine Erfahrungen mit der Heroinsucht. Die Sicht ist "faktualistisch", wie er es nannte. "Letztendlich zählen nur Tatsachen, & das auf allen Ebenen. Je mehr jemand diskutiert, verbalisiert, moralisiert, desto weniger wird er von den Tatsachen erfassen. Unnötig zu sagen, dass ich mich theoretisch über das Thema nicht auslassen werde. Gerede verträgt sich nicht mit Faktualismus." (Brief an Allen Ginsberg, 1949). Ja, es gibt Anzeichen, dass ihm ein schriftliches Festhalten von Gefühlen oder Ansichten zuwider war. In manchen Fällen löste das Lesen seiner eigenen Texte Anfälle von Ekel bei ihm aus, eine versteckte Abneigung gegen das geschriebene Wort & seine Wirkung. Offensichtlich ist von vornherein etwas in ihm, das ihn dazu zwingt, einen anderen Zugang zum Medium Sprache zu suchen.

Die erste Phase seiner Auseinandersetzung mit ihm ist Ablehnung. Sprache ist der Feind. Es erfordert Taktik & Strategie (oder: den Mut zur Auseinandersetzung), sich mit ihm einzulassen. Später, viel später wird Laurie Anderson in einem Video einen Leitsatz von ihm zitieren: "Sprache ist ein Virus aus dem All". Auch wenn das auf den ersten Blick nach einer metaphorischen Formel aussieht, so ist das Virus doch der Code, mit dem Burroughs die Imagestruktur des universellen Machtgefüges entschlüsselt. Ein Punkt, auf den sich einzulassen er schon sehr früh als semantische Pflichtübung sieht. Noch einmal aus einem Brief an Ginsberg (1949): "Besorg dir

ZIELÜBUNGEN
IN DER PRÄRIE

Burroughs ist wie die meisten
seiner Landsleute mit Schußwaffen
aufgewachsen. In der Los Alamos
Ranch School, die er als Fünfzehn-
jähriger besuchte, gehörte Schieß-
unterricht zum Stundenplan.
Er ist kein Waffenfetischist, die
Jagd interessiert ihn nicht, ebenso-
wenig die Mitgliedschaft in einem
Schützenverein.
1951 hat er durch leichtsinnigen
Umgang mit einer Pistole den Tod
seiner Frau verschuldet. Danach
spielten Waffen dreißig Jahre lang
nur noch in seinen Büchern eine Rolle.
Seit seinem Umzug nach Kansas im
November 1981 hat er sich ein kleines Arsenal von Schußwaffen zugelegt, das er in der ersten Zeit vor
allem zur Herstellung seiner "Shotgun Art" benutzt hat.
Das Zielschießen, zu dem er sich
regelmäßig mit Freunden trifft, ist
für ihn in erster Linie eine Konzen-
trationsübung, ähnlich dem Bogen-
schießen des japanischen Zen.

Korzybski's SCIENCE AND SANITY und lies es. Jeder junge Mann sollte die Grundlagen der Semantik klar vor Augen haben, bevor er mit dem Studium beginnt (oder was auch immer)." Deutlich sieht er die Verwirrung, die auf der sprachlichen Ebene tagtäglich abläuft & in den Medien & von Politikern & vielen, die sich auf der öffentlichen Bühne tummeln, reichlich genutzt wird. Seine Auseinandersetzung mit dem Wort ist gegen diesen, auf vielen Ebenen ablaufenden, semi-automatischen Kontrollprozess gerichtet, gegen die konventionelle Struktur von Darstellung & Moral, die das westliche Denken beherrscht.

Es ist Ginsberg, mit dem Burroughs bis Ende der 50er Jahre einen regen Schriftwechsel führt, der ihn immer wieder dazu ermutigt, sich aufs Schreiben einzulassen. Unter diesem Einfluss (& auch durch Kerouac, dessen Schreibleistung er bewundert) fängt er an, sich an die Rolle des Schriftstellers heranzutasten. 1952 schreibt er: "Schreiben muss immer ein Versuch bleiben. Die Sache selbst, was sich auf der nicht-verbalen Ebene abspielt, wird sich dem Schreiber immer entziehen. Ein Medium, in dem ich mich ausdrücken könnte, gibt es noch nicht, ausser ich erfinde es."

Es scheint mir von Bedeutung, dass Burroughs seinen Weg als Schriftsteller exterritorial begann. Sicher, wer schreibt, ist Schriftsteller. Auch macht ihn sein reflektorischer Umgang mit dem Medium Sprache nicht zur Ausnahme. Das haben andere vor & mit ihm, wie Joyce oder Beckett, auch getan. Wer seiner Arbeit gerecht werden will, muss die Voraussetzungen akzeptieren, unter denen er sie unternimmt: Schreiben ist für ihn nach jahrelangen Erfahrungen mit Heroinabhängigkeit & Homosexualität ein Überlebensakt & folgt einer Strategie, die sich nur durch einen radikalen Bruch mit herkömmlichen Vorgehensweisen durchhalten lässt. Mit anderen Worten: Sein Vorgehen als Schriftsteller war "strassenerprobt", nach konkreten Auseinandersetzungen mit dem Machtapparat. Er ist deshalb kaum ein Rebell im üblichen Sinn, dazu ist seine Arbeitsweise zu überlegt, seine Sicht zu grundsätzlich. "Hat ein Problem einmal das politisch-militärische Stadium erreicht, ist es bereits unlösbar", sagt er in DER JOB. Ein Rebell reagiert auf wahre oder vermeintliche Missstände, die ihn irritieren. Zumindest will er provozieren, er will seinerseits irritieren, & das trifft nur sehr begrenzt auf das zu, wofür die Arbeiten von Burroughs stehen.

Gerade in ihren extremsten Formen (etwa in der Cutup-Trilogie SOFT MACHINE, THE TICKET THAT EXPLODED & NOVA EXPRESS) sind sie Forschungsberichte, in denen sich durch Genremix fremdartige Welten, alternative Realitäten auftun; sie sind Protokolle von Reisen durchs Sprachland & unvermessene Gebiete innerer Landschaften, die schliesslich zu immer differenzierteren Entwürfen über die Konstruktion des Machtapparates führen. Sprache ist Macht, & Macht ist ein Virus, das sich im Wort festgesetzt hat. Die Schreibmethode, nach der er dabei vorgeht, hat Timothy Leary mit dem passenden technischen Ausdruck beschrieben: Burroughs ist kein Schriftsteller, er ist ein Wort- oder Textverarbeiter. Eines seiner Ziele ist, das Wort fassbar, "taktil" zu machen, um seine Wirkweise offenzulegen & damit zu brechen. Das stellt klar, dass er jede Befriedigung von Entertainmentbedürfnissen ablehnt; dass er sie als überflüssig & letztlich affirmativ betrachtet. Sein Vorgehen ist das eines Forschers, der einer gefährlichen Verseuchung auf der Spur ist, einem unsichtbaren Organismus, dessen Wirkung aufgedeckt & unschädlich gemacht werden muss.

Es ist der Warencharakter des Buches, der Literatur immer wieder mit gängigen, das heisst vom Publikum akzeptierten & historisch bewährten, also für vergangene Zustände entwickelten Massstäben konfrontiert. Je mehr die Wortkunst auf diese Forderungen des Marktes eingeht, desto mehr riskiert sie, zu einem exotischen Zweig der Unterhaltungsindustrie zu verkommen, der die tiefen, krisenhaften Umbrüche ignoriert, denen sich die Zivilisation in immer bedrohlicherem Mass ausgesetzt sieht. Burroughs hat in theoretischen Texten (wie in der ELEKTRONISCHEN REVOLUTION) Techniken & Taktiken vorgeschlagen, die gegen die Einvernahme durch eine von der unter dem Vorwand von Aufklärung & Unterhaltung operierenden Kontrollmaschine konstruierte Realität gerichtet sind, die den Konsumenten zum Süchtigen degradiert. Zwischen diesen Polen – dem der gehobenen Unterhaltung & dem eines erweiterten Bewusstseins menschlicher Erfahrung – sind Burroughs' Arbeiten zweifellos sehr weit auf der forschenden, experimentellen, kartografischen Seite der Skala angesiedelt, auf der es gern missachtete Vorläufer vor allem diesseits des Atlantiks gibt: die Dadaisten etwa, die Surrealisten & die Situationisten in Frankreich. Der Schreibvorgang ist bei ihm immer Basisarbeit, & das impliziert, dass er seinen Lesern den Einstieg nicht leicht macht. Aber allzu einleuchtende Akzeptanz war für bahnbrechende künstlerische Produkte noch nie eine Empfehlung, zumindest was die Geschichte der Kunst des 20. Jahrhunderts betrifft. Ich kehre nun noch einmal zu meinen ersten Berührungen mit den Texten von Burroughs zurück, bezogen auf sein Hauptwerk NAKED LUNCH. Ich hatte mich schon einige Jahre im Schreiben von Prosa versucht mit Ergebnissen, die stets fragmentarisch blieben. Dafür gab es einen plausiblen Grund: Seit Ende der 50er Jahre arbeitete ich als Berufspilot. Dies hat meine schriftstellerische Arbeit nicht unterbrochen, mich aber einem diskontinuierlichen Lebensrhythmus unterworfen. Meine bis dahin lineare Schreibweise konnte ich unter diesen Umständen nicht weiterführen. Ich kam, um es kurz zu sagen, in eine produktive Krise, aus der mich erst der fraktale Aufbau von NAKED LUNCH & in die nach allen Seiten hin explodierende Sicht des Autors führte. Mit anderen Worten: Meine dem ständigen Wechsel von Kontinenten unterworfene dissoziative Lebensweise, die damit verbundenen Erschütterungen von Metabolik & Biorhythmus, machten das gegebene Gefüge des homogenen Sprachkörpers für mich unbrauchbar. Dies war keine Stilfrage, dies war eine von einer anderen Lebensweise geprägte & sich in einem fortlaufenden Prozess entwickelnde Sichtweise. Ich musste das Wie meiner Lebens- & Sehweise (welche Binsenweisheit!) zu einer Schreibform machen. Die Methode dazu war die von Brion Gysin entdeckte Schnittechnik, deren ganze Tragweite sich mir in dem Satz offenbarte: "Cut-Up ist eine Lebensweise."

Die Entstehungsgeschichte von NAKED LUNCH ist durch Burroughs' Briefe ausführlich belegt. Das Buch entstand in den Jahren 1954-1958 in Tanger in unzähligen, sich wandelnden, passagenhaften Ansätzen, die erst kurz vor der Veröffentlichung ihre endgültige Reihenfolge fanden. Sie gingen zum einen aus Visionen während Entzugsphasen hervor, zum anderen aus seinen hartnäckigen, besessenen Versuchen, einen epochalen Roman zu schreiben. Ersteres führte mit Hilfe von Kif & Majoun zu schwarzhumoresken Episoden, die er "Routines" nannte, einer neuartigen Form der Klatschgroteske; letzteres zu einer verzweifelten Abhandlung über die Unmöglichkeit, einen Roman zu schreiben. "Die Romanform ist völlig unzureichend für das, was ich sagen will." Die Stadt, Interzone, wird zur katalytischen Kompositionsstruktur, zum Rhizom für die auf ihn einströmenden, metaphorischen Szenarien, die sich in dem Kapitel WORD (das nur teilweise in das Romanmanuskript aufgenommen wurde) in einer kaum übersetzbaren Sprache verselbständigen, beinah so, als hätte sich der erschütternde Vorgang der ersten Atomexplosionen bis ins semantische Idiom fortgesetzt.

Der Rest dessen, was dann & wie es geschah, ist Geschichte. Beat Hotel, Paris, 9 rue Gît-le-Coeur. Burroughs begann sich mit manischer Besessenheit auf die Verarbeitung verschiedener, eigener & fremder Texte zu stürzen. Es war Basisarbeit der verheerenden Art, & das Ziel "breakthrough in grey room" (wörtlich: Durchbruch in den Grauen Raum, in meiner Lesart: Durchbruch in die von kultureller Konditionierung blockierten Bewusstseinsräume). Wer die (Sprach-) Blockade des Planeten durchbrechen will, darf keine Rücksicht auf Verluste nehmen. Im sogenannten Beat Hotel kam es unter dem Einfluss von Gysin, der faszinierende Geschichten von sich gab & mit den Praktiken marokkanischer Magier vertraut war, zu nie geklärten paranormalen Verstrickungen, "wie in einem Marx Brothers Film unter der Regie von Madame Blavatsky", wie Ted Morgan, Burroughs' Biograph, es ausdrückt. Damals wurde, scheint mir, das Fundament dafür gelegt, dass sich Burroughs mehr & mehr etwas erschloss, was er das "magische Universum" nennt.

Sprung in die 90er Jahre. Burroughs lebt in der Nähe von Kansas City, in einer typischen, unscheinbaren amerikanischen Kleinstadt in einem typischen, unscheinbaren Vororthaus. Anfang der 80er Jahre hat er angefangen zu malen. Seine Bilder sind, wie er sagt, sehr oft illustrative Ergänzungen seiner Texte "oder dessen, was ich schreiben will". Noch einmal nimmt er den Marsch durch ein für ihn neues Medium auf sich, auch wenn seine Scrapbooks (Notizbücher) schon immer mit Bildmaterial durchsetzt waren. Als alter Waffennarr kam er darauf, mit Hilfe einer Schrotladung Bilder herzustellen. Er schiesst auf Holzplatten oder auf Spraydosen, aus denen die Farbe auf das Holzmuster platzt. "Mich interessiert der sichtbare Aufprall flüchtiger Bildlichkeit", sagt er. Der unwiederbringliche Augenblick der Koinzidenz (im Englischen 'chance', was im Deutschen nur partiell dem Zufall entspricht) gibt den schöpferischen Geistern – nennen wir sie hier Quarks – die Möglichkeit, sichtbar zu werden. Er nennt das Nagual-Kunst. Das Nagual ist das Unkontrollierbare & muss stets von neuem ge- & erschaffen werden.

Im Rückblick mag sich das eine oder andere Missverständnis in der Rezeption dieses Autors klären lassen. Aber mehr noch, scheint mir, kommt es auf einen Ausblick an. Für einen Augenblick brach in den 60er Jahren das Geschichtsbild auf & Ansätze einer anderen Realität wurden sichtbar, insgesamt ein idealer soziogener Hintergrund für die Aufnahme von Burroughs' Schriften. Die

BURROUGHS IN KANSAS

Das kleine Holzhaus, das Burroughs Anfang der achtziger Jahre gekauft hat, ist spartanisch eingerichtet. Er teilt es sich mit seinen Katzen, die zu allen Räumen freien Zugang haben. Im Wohnzimmer stehen Bücherregale, an den Wänden hängen Bilder von ihm selbst und seinem verstorbenen Freund Brion Gysin, und überall stapeln sich Zeitschriften: GUN WORLD, SOLDIER OF FORTUNE, AMERICAN SURVIVAL GUIDE, NATIONAL GEOGRAPHIC. Er ist Abonnent der INTERNATIONAL HERALD TRIBUNE, die er seit seinen Jahren in Paris und London regelmäßig liest. Ein kleines angrenzendes Zimmer dient ihm als Atelier.

An einem normalen Tag steht er um 9 Uhr auf, füttert die Katzen und macht sich ein Frühstück. Wenn er nicht an einem Bild arbeitet, trifft er sich mit einem Bekannten auf dessen Schießstand außerhalb der Stadtgrenze. Um 16 Uhr trinkt er seinen ersten Wodka-Cola. Nach einem frühen Abendessen, meist mit James Grauerholz und anderen Freunden, legt er sich gegen 21 Uhr schlafen. An einem See in 25 km Entfernung von seinem Haus hat er eine Hütte mit einem Ruderboot, das er auch nach einer dreifachen Bypass-Operation noch oft benutzt.

Seite 16: Fotografien oben: Mit einer seiner Katzen. (Udo Breger); Foto unten: Feierabendjoint. (Steve Miles); Seite 17: Fotografien links und oben: Sein Arbeitsregal, sein Haus in Lawrence. (Jürgen Ploog); Foto rechts: Der Gartenteich. (Jon Blumb)

Rebellion gegen eine erstarrte, verlogene, aus dem Leben gefallene öffentliche Moral hatte auf allen Ebenen eingesetzt, & Schriftsteller der Beat Generation hatten wesentlichen Anteil an dieser Entwicklung. Burroughs war mit einigen von ihnen befreundet, aber in den 60er Jahren fast ständig ausser Land & machte seinen Weg als Schriftsteller im Exil. Seine Verbindung zur Beatbewegung war also marginal & bis auf wenige Begegnungen mit Kerouac & Neal Cassady & auf den Briefwechsel mit Ginsberg beschränkt. Vom sozio-kulturellen Element der Vorgänge um die Beats hat er sich verschiedentlich distanziert. Sein Augenmerk war stets auf sein eigenes Werk gerichtet, auch wenn er sich immer wieder, wie in dem Mammutinterview THE JOB & in Beiträgen für die sogenannte Untergrundpresse, die damals in einem vielfältigen Angebot vorhanden war, zu Zeiterscheinungen äusserte. Seine Arbeiten als Beatliteratur zu lesen dürfte somit eher ein Hindernis für ihre Entschlüsselung sein. Aber genau so werden sie in Deutschland bisher weitgehend aufgenommen.

Eine andere, weit wesentlichere Barriere besteht darin, die schockierenden Elemente ihrer Inhalte wörtlich aufzunehmen, das heisst, sie aus dem reaktiven, gängigen Geschmacksumfeld zu rezipieren, gegen das sie sich richten. Genau das ist hier in den prüden frühen 60er Jahren nach Erscheinen der deutschen Ausgabe von NAKED LUNCH geschehen. In den 80er Jahren, beim Wiederlesen, wurde dem Buch dann zum Vorwurf gemacht, dass sich die Wirkung der vermeintlichen Provokationen nicht mehr einstellte. Dieser Widerspruch offenbart in meinen Augen ein gravierendes Defizit an textualer Lesefähigkeit.

Halten wir fest, dass eine Auseinandersetzung mit seinem Werk, die sich auf seine bahnbrechende Strategie gegen Macht & Kontrolle bezieht, in Deutschland noch aussteht. Festzustellen ist auch, dass er sich nach seiner Cutup-Periode (obwohl er die Schnittechnik als Schreibmethode nie gänzlich ablegte) der erzählerischen Ausdrucksform zuwandte & eine Romantrilogie vorlegte: CITIES OF THE RED NIGHT, PLACE OF DEAD ROADS & WESTERN LANDS, in denen es um die Dekonstruktion amerikanischer Geschichte, um ein Umschreiben des Mythos des Wilden Westen & der Vision einer Reise nach dem Tod geht.

Die 70er & 80er Jahre waren alles andere als Zeitlöcher für Burroughs' Präsenz in der kulturellen Szene. Sein Einfluss fächerte sich & wurde von verschiedenen Gruppierungen je nach ihrer künstlerischen Ausrichtung aufgegriffen. Sein vielschichtiges Werk zeigt ihn als Medienkritiker, Ton- & Filmexperimentator, als einen Autor, der sich abzeichnende zivilisatorische Prozesse lang vor ihrem realen Auftauchen gesehen hat, nicht zu vergessen das bizarre Bild seiner Person, das für viele die Aura einer Kultfigur hat. Viele Musikgruppen erwiesen ihm durch Zitate oder Titelgebung ihre Reverenz. Sein insektischer Blick, seine radikal gegen jeden sozialen Konsens gerichtete Sicht, entsprachen genau der negativen Poesie, die im Punk ihren Ausdruck fand, wobei es vor allem eine Gruppe junger Science Fiction-Schreiber war, die es verstand, die terra incognita des kybernetisches Zeitalters (den sog. Cyberspace) dem in technologischen Prognosen steril gewordenen Genre einzuverleiben: die neuro-mantische oder Cyberpunk-Bewegung der 80er Jahre.

1984 war William Gibsons Roman NEUROMANCER erschienen, in dem die Technosphäre des kybernetischen Raums in imaginärer Kombination von Software- und High Tech-Praxis, die real längst im Einsatz war, den Echtzeit-Hintergrund bildete. Seine Akteure hatten die anti-technische Ideologie der 60er Jahre hinter sich gelassen & waren mit allen Wassern gewaschene, im Geist der Strasse agierende, drogenerfahrene Neuro-Astronauten, die ihr Nervensystem mit den virtuellen Daten der Computerwelt vernetzten.

Bedeutender noch scheint mir ein sich abzeichnender Paradigmenwechsel westlicher Sicht, in dem sich die Aufmerksamkeit auch darauf richtet, welche konditionierende Funktion die sprachliche Ausdrucksform auf das Denken ausübt (wie er sich besonders in Frankreich durch die Radikale Theorie des Poststrukturalismus ankündigt). Burroughs' Texte haben einen festen Platz in ihr & gelten als frühe Beispiele für eine dezentrale, rhizomatische Schreibweise, in der Destruktion ein wesentliches Element 'organischer' Komposition darstellt.

All das mündet in die Frage nach Möglichkeiten neuer Erzählweisen, die in unterschiedlichen Variationen durch die Moderne geistert. Denn trotz allem, & im Widerspruch zu seinen skeptischen Kritikern, bleibt Burroughs ein nie aus dem pragmatischen Zusammenhang gefallener Erzähler, der Landkarten entworfen hat, anhand derer sich der unbehauste Mensch orientieren kann, & er hat so Freiräume sichtbar gemacht, die sich für die unter dem Druck zunehmender Beschleunigung abzeichnenden Konflikte als überlebenswichtig erweisen könnten.

In Hagenbecks Tierpark, Hamburg, 1990,
während der letzten Proben zu Bob
Wilsons Freischütz-Spektakel THE BLACK
RIDER im Thalia-Theater, für das Tom
Waits die Musik komponierte und
Burroughs die Texte schrieb. (Ulrich
Gehner)

Das Schreibmaschinen-Insekt aus dem
Film NAKED LUNCH von David
Cronenberg. (Jugendfilm-Verleih)

Seite 22/23: Mit 15 in der Los Alamos
Ranch School, New Mexico. (Los Alamos
County Historical Museum)

DAS BURROUGHS-EXPERIMENT

Carl Weissner

"Ein Schriftsteller von der Gefährlichkeit eines genialen Gangsters."
(Les Nouvelles Littéraires, Paris) "Ein religiöser Autor." (Norman
Mailer) "Der größte Satiriker seit Jonathan Swift." (Jack Kerouac)
"Nietzsche als Bandenführer in Alphaville." (New York Times) "Der
radikalste literarische Erneuerer seit Joyce." (Angela Carter / The
Guardian) "Mörderischer Mumpitz." (John Updike) "Poetischer
Magier." (Christopher Isherwood) "Reine Zerstörungswut, totaler
Nihilismus." (New York Times) "Der bedeutendste Schriftsteller
unserer Zeit." (Anthony Burgess).

DIE FRÜHEN JAHRE

1914 - 1943: KINDHEIT, SCHULE, STUDIUM

Seine früheste Erinnerung an St. Louis, wo er am 5. Februar 1914 geboren wurde, sind nicht die Raddampfer auf dem Mississippi, nicht die Leichen von Schwarzen, die im Wasser trieben, wenn der Fluß über die Ufer trat und Teile des Slums im Gebiet des heutigen Jefferson-Parks mit sich riß, oder die seltsam orientalischen Festivitäten des 'Veiled Prophet Ball', die fast vergessen ließen, daß die Stadt einmal für die Wagentrecks der Siedler das Tor zum Westen gewesen war. Nein, es sind die schwülen Sommerabende auf der Veranda des komfortablen dreistöckigen Elternhauses an der Berlin Avenue, wo das walisische Kindermädchen und die alte irische Köchin des Burroughs-Haushalts Gruselgeschichten aus ihrer Heimat erzählten und dem fasziniert lauschenden Knaben schaurige Verwünschungen und Zaubersprüche beibrachten. Den merkwürdigen Singsang, mit dem die alte Irin eine Kröte aus ihrem Versteck am Fischteich hervorlockte, kann er noch heute imitieren.

Überschattet wurde diese Idylle von häufigen Alpträumen und der Furcht vor einem "übernatürlichen Horror", der sich ständig anzukündigen schien, ohne je Gestalt anzunehmen. Dazu kam eine rätselhafte fiebrige Erkrankung mit Halluzinationen; und dann der Schock, als die abgöttisch geliebte 'Nursy' eines Tages die emotionale Abhängigkeit des Fünfjährigen ausnutzte: Offenbar ein Fall von Kindesmißbrauch, jedenfalls ein traumatisches Erlebnis, das Burroughs so heftig verdrängt hat, daß es später auch eine jahrelange Analyse bei Dr. Federn in New York, der noch von Sigmund Freud persönlich ausgebildet worden war, nicht ans Licht bringen konnte.

Abgesehen davon war es eine sorgenfreie Kindheit, die er mit seinem drei Jahre älteren Bruder Mortimer verbrachte. Die Familie lebte in gesicherten Verhältnissen, wenn auch nicht mehr viel geblieben war vom Vermögen des Großvaters, der 1890 die erste manuelle Rechenmaschine konstruiert hatte, die das Ergebnis auf einem Papierstreifen ausdruckte. Der begabte, aber wenig geschäftstüchtige Erfinder litt an Tuberkulose, zog sich früh aus dem Geschäft zurück, stieß den größten Teil seiner Aktien ab und starb im Alter von einundvierzig Jahren. Sein Kompagnon war es, der die Erben für ganze 100.000 Dollar pro Kopf auskaufte und die Burroughs Adding Machine Company zum Erfolg führte: 1920 war die Firma 430 Millionen Dollar wert.

Immerhin, Burroughs' Vater verdiente mit einer Glasfabrik gutes Geld und schickte seine beiden Söhne auf eine Privatschule. Die Mutter, Tochter eines Methodistenpredigers aus Georgia, war eine ätherische

Eine Anzeige der Burroughs Adding Machine Company, 1929. (Archiv Walter Hartmann)

William S. Burroughs, DIE ALTEN FILME

Der 'River of the Fathers' prägte damals das Stadtbild und die Duftnote von St. Louis, war aber nicht gerade als Touristenattraktion geeignet: der 'Fluß der Väter' war ein riesiger Abwasserkanal, der sich quer durch die Stadt schlängelte . . .

Während der Sommermonate stank die ganze Stadt nach Scheiße und Leuchtgas. Aus den trüben Tiefen des Kanals blubberte es empor und lag wie faulige Nebelschwaden auf dem ölig schillernden Wasser. Ich fand an diesem Gestank nichts auszusetzen, doch ringsum hörte man immer wieder, der Kanal solle endlich überbaut werden, und selbst hartgesottene Typen vom Land wurden langsam rebellisch: "Meine Töchter stehn bis zur Fut in der Scheiße! Soll das vielleicht der American Way of Life sein?"

Das fand ich allerdings. Und ich hatte kein Interesse, daß sich daran etwas änderte. Ich fand es ausgesprochen gemütlich, an schwülen Sommerabenden im Schein der Gaslaterne auf der hinteren Veranda zu sitzen und Whistle zu trinken, während die blauen Nebel aufstiegen und der Leuchtgas-Gestank heraufwaberte vom 'Fluß', der dicht an unserem Garten vorbei führte, gleich hinter der Abfallgrube.

Schönheit mit hellseherischer Begabung, die alles Körperliche verabscheute und für die Coca Cola Company drei Bücher über Blumenarrangements und Tischdekoration schrieb. Sie vergötterte ihren Jüngsten, während der ältere Sohn der Liebling des Vaters war.

Die nähere Verwandtschaft war nicht frei von Problemfällen – Tante Jenny war Alkoholikerin, Onkel Horace war Morphinist und nahm sich im Alter von neunundzwanzig Jahren das Leben –, aber es gab auch einen, der sich bereits einen Namen gemacht hatte: Onkel Ivy Lee, der als Erfinder der Public Relations gilt. Im Mai 1914 wurde er von den Rockefellers als Pressesprecher angeheuert und brachte es zu Wohlstand und Ansehen. Mitte der dreißiger Jahre sah er sich allerdings jäh verfemt, als er im Auftrag des deutschen I.G. Farben-Konzerns versuchte, das Image von Hitler & Co. in den USA aufzubessern.

In der Schule traf der junge Bill Burroughs auf die Kinder des Geldadels, die ihn spüren ließen, daß er nicht dazugehörte. "Ne Type bist du ja", meinte ein Klassenkamerad, "aber nicht die richtige Sorte." Freundschaft schloß er nur mit einem Jungen namens Kells Elvins, der später noch eine wichtige Rolle in seinem Leben spielen sollte. Er haßte den Sportunterricht und von den übrigen Fächern fand er nur Englisch erträglich: Hier durfte man seiner Phantasie freien Lauf lassen und Geschichten schreiben, die vor der Klasse vorgelesen wurden.

Mit zwölf Jahren merkte er, daß er auf unerklärliche Weise anders war als seine Kameraden. Gehemmt und verunsichert kapselte er sich immer mehr ab, wurde schwierig und leistete sich Eskapaden, mit denen er die Geduld seiner Eltern auf eine harte Probe stellte. Mit seinem Chemiebaukasten produzierte er eine Explosion, die ihn fast die linke Hand kostete und eine mehrstündige Operation nötig machte. Er erinnert sich, daß er im Krankenhaus eine "Erwachsenendosis" Morphium bekam. Nach der Genesung bastelte er ungerührt einen Sprengsatz, den er dem verhaßten Rektor seiner Schule durchs Fenster warf. Zum Glück ging die Bombe nicht hoch.

Am liebsten saß er in seinem Zimmer, las Piraten-, Detektiv- und Abenteuergeschichten in den damals so populären Schundmagazinen und schrieb auch selbst welche. Vor allem aber begeisterte er sich für Schußwaffen. Sein leidgeprüfter Vater nahm ihn gelegentlich zur Entenjagd mit.

Ein Schlüsselerlebnis war im Alter von vierzehn Jahren die Begegnung mit der Lebensgeschichte eines ehemaligen Einbrechers und Drogensüchtigen: Jack Black, YOU CAN'T WIN (New York 1926). Hier lernte er die "Johnson-Familie" kennen, eine Unterwelt von Kriminellen, deren Mitglieder untereinander einen strikten Ehrenkodex befolgten. Das schien ihm eine wesentlich attraktivere Existenz zu sein als das öde Leben der ehrbaren Bürger von St. Louis mit ihrer durchsichtigen, verlogenen Doppelmoral.

LOS ALAMOS, 1929-1931

William mit seinem Bruder Mortimer, links,
und dem Vater. (Burroughs Archiv)

Ich erinnere mich noch gut an den Teapot
Dome Skandal unter Präsident Harding und
an den unsäglichen Gaston Means, Sproß
einer Aristokratenfamilie aus dem Süden, der
damals in ein Hotelzimmer voll Bourbon trin-
kender, Zigarren rauchender Lobbyisten und
Schmierer kam und einen Wäschekorb mitten ins Zimmer stellte: "Macht ihn voll,
Jungs, und dann reden wir vom Geschäft . . ."
Ich will damit nicht sagen, daß ich dieses
Schauspiel in meinem jugendlichen Idealis-
mus als abstoßend empfand. Ich hatte längst
gelernt, die Dinge mehr im großen Rahmen
zu sehen.

Laura Lee Burroughs entschied, daß der Fünfzehnjährige zur Kräftigung
seiner Gesundheit bessere klimatische Bedingungen brauchte und
meldete ihn in der Los Alamos Ranch School an. Er hatte dort schon
einige Ferienlager mitgemacht und wußte, was ihn erwartete.

Die Ranch School, knapp sechzig Kilometer nördlich von Santa Fé auf
einem bewaldeten Plateau gelegen, war ein rustikales Internat und ganz
auf Selbstversorgung ausgerichtet: Eigene Landwirtschaft, Gärtnerei,
Wasserversorgung, Elektrizität, Poststelle usw. Für die rund vierzig Zög-
linge standen zwanzig Lehrkräfte und Betreuer zur Verfügung, und jeder
bekam sein eigenes Pferd. Die Vermittlung von Lehrstoff aus Büchern
wurde auf das Nötigste beschränkt. Der Akzent lag auf Abhärtung und
Erwerb von Führungseigenschaften, damit aus den verhätschelten Söhnen
reicher Eltern einmal robuste Vertreter des Laissez-faire-Kapitalismus
werden konnten.

Bill Burroughs haßte den störrischen Gaul, auf dem er dreimal die Woche
zu sitzen hatte, und der streng reglementierte Schulbetrieb ging ihm bald
auf die Nerven. Man hatte stets in Pfadfinderkluft herumzulaufen, die
Nachmittage wurden bei Wind und Wetter grundsätzlich im Freien ver-
bracht, selbst der Gang zur Toilette war in einer vorgeschriebenen Anzahl
von Minuten zu absolvieren, und geschlafen wurde, auch bei Frost, auf
der offenen Veranda, obwohl jeder ein eigenes Zimmer hatte. Eigentlich
konnte er nur dem Schießstand etwas abgewinnen.

Eine heftige Zuneigung zu einem gleichaltrigen Jungen blieb bis auf ein
bißchen sparsam gewährten Körperkontakt unerwidert, und der andere
ließ ihn darunter leiden, indem er ihn vor den Kameraden ständig ernie-
drigte. Da er dem Umworbenen seine Gefühle nicht offenbaren konnte,
vertraute er sie seinem Tagebuch an.

Hinter seinem Rücken wurde getuschelt – "Sitzt in seinem Zimmer und
brennt Räucherstäbchen ab . . . liest *französische* Bücher . . ." Die las er in
der Tat: Remy de Gourmont, Baudelaire, Guy de Maupassant, Anatole
France, André Gide. Und natürlich DAS BILDNIS DES DORIAN GRAY von Oscar
Wilde. Die Geschichten, die er jetzt schrieb, handelten von gelangweilten
britischen Aristokraten, die sich aus schierem Lebensüberdruß zu unaus-
sprechlichen Greueltaten verabreden.

Der Schulleiter, ein drahtiger Mensch von Mitte vierzig, war früher Park
Ranger gewesen und hatte sich angeblich bei so mancher Auseinandersetzung mit seiner großkalibrigen Luger Respekt verschafft. Er befehligte
die Pfadfindertruppe von Santa Fé und war ein glühender Verehrer von
Mussolini. Sein Zimmer jedoch hatte eine Ausstattung, die an einen
orientalischen Harem erinnerte. Die Lebensweisheiten, die er von sich
gab, schien er vorwiegend aus dem READER'S DIGEST zu beziehen.
Trotzdem war er für den jungen Burroughs eine interessante Figur, denn
er bewies ihm, daß man gleichzeitig schwul und betont maskulin sein
konnte. Der homosexuelle Kämpfertyp bekam später in mehreren
Burroughs-Romanen eine zentrale Rolle.

Bei einem der seltenen Ausflüge nach Santa Fé erstand der mittlerweile

Es gab eine Zeit, da strebte ich das Amt des Abwasser-Inspizienten von St. Louis County an - 300 Dollar im Monat, verbunden mit der Gewißheit, daß man seine dreckigen Pfoten tief in einen Schmiergeldfonds stecken konnte -, und zu diesem Zweck nahm ich teil an einem Softball-Spiel, bei dem solche Sinekuren an würdige und vom Glück begünstigte Bewerber vergeben wurden. In meinen jungenhaften Träumen, beflügelt von dieser berauschenden Atmosphäre sowie drei Pfefferminzcocktails, sah ich mich bereits im Besitz des begehrten Postens, der vorsah, daß ich mich zweimal die Woche pro forma im Alten Gerichtsgebäude blicken ließ, um einige Akten abzuzeichnen . . . und wenn ich schon mal da bin, kann ich ja den Sheriff gleich um einiges Marihuana anhauen, das er beschlagnahmt hat, und er sollte tunlichst mitspielen, andernfalls lasse ich ihm einen offenen Abwasserkanal durch seinen Vorgarten legen . . . dann auf einen Kaffee ins Court House Café auf der anderen Straßenseite, in Gesellschaft einiger weiterer stinkfauler nichtsnutziger Drecksäcke in ähnlichen Positionen, und wir suhlen uns in Korruption wie vollgefressene Alligatoren . . .

Burroughs, 1. Reihe links außen, mit Klassenkameraden der Los Alamos Ranch School, 1929 (Los Alamos County Historical Museum)

sechzehnjährige Bill Burroughs in einer Apotheke ein Fläschchen Chloralhydrat und verabreichte sich ein Quantum, das nur knapp unterhalb der tödlichen Dosis lag – sein erster Selbstversuch. Die Überzeugung des Schulleiters (in einem Brief an die Eltern), ein solches Experiment werde sich bestimmt nicht wiederholen, blieb ein frommer Wunsch.

In den Briefen, die er nach Hause schrieb, klang er so deprimiert, daß seine Mutter anreiste, um nach dem Rechten zu sehen. Daß er sich elend

fühlte und in manchen Fächern schlechte Leistungen zeigte, war kein ausreichender Grund, um ihn von der Schule zu nehmen. Also gestand er ihr seine Homosexualität. Das war allerdings ein ernstes Problem und verlangte nach sofortiger Behandlung durch einen Psychiater. Sie reisten so überstürzt ab, daß keine Zeit zum Packen blieb – seine Sachen mußten nachgeschickt werden.

In St. Louis litt er Qualen bei dem Gedanken, das in der Eile zurückgelassene Tagebuch werde inzwischen von den Kameraden in der Ranch School gelesen. Als das Frachtgut endlich eintraf, zerrte er das brisante Objekt aus der Kiste und verbrannte es auf der Stelle: "Was ich daran so schlimm fand, war nicht die Erwähnung von Sex, sondern die grauenhaft schmalzige Art, in der ich meine Gefühle ausgedrückt hatte . . . Das Schreiben war mir peinlich und widerwärtig geworden. Alles klang so falsch." Er hatte sich eine Schreibhemmung eingehandelt, die fast acht Jahre anhalten sollte. Schlechte Aussichten für einen, der sich schon als Kind ein Leben als Schriftsteller ausgemalt hatte – "denn Schriftsteller waren reich und berühmt. Sie räkelten sich in gelben Seidenanzügen in Singapur und Rangun und rauchten Opium. Sie schnupften Kokain in Mayfair, sie drangen mit einem treuen Eingeborenenjungen an ihrer Seite in tückische Sümpfe vor, und sie lebten in der Altstadt von Tanger, wo sie Haschisch rauchten und träge ihre Lieblingsgazelle streichelten . . ."

Los Alamos bekam für Burroughs einige Jahre später noch eine besonders finstere Bedeutung – als der Ort, wo Robert Oppenheimer mit seinen Kollegen die erste Atombombe baute, die dann in der Wüste von Alamogordo detonierte und den alten optimistischen amerikanischen Traum, den die Ranch School gewissermaßen in Reinkultur verkörpert hatte, in Rauch aufgehen ließ. Vielleicht ist es auch mehr als eine Ironie der Geschichte, daß ausgerechnet Los Alamos 1987 Tagungsort der ersten Konferenz über künstliches Leben wurde.

In St. Louis verbrachte Burroughs 1931/32 den Rest seiner Schulzeit in einer kleinen, aber hervorragenden Privatschule, die damit warb, daß ihre Absolventen in den besten Colleges unterkamen. Das war nicht zuviel versprochen: Sein Abschlußzeugnis war so gut, daß es ihm den Weg nach Harvard ebnete.

HARVARD, 1932-1936

Die Elite-Universität machte auf den Studienanfänger aus dem Mittelwesten keinen großen Eindruck. Sie war für Burroughs eine schlechte Imitation von Oxford und Cambridge und wirkte reichlich abgehoben angesichts der schlimmsten Wirtschaftskrise, die das Land je erlebt hatte: 32.000 Firmen waren bereits zusammengebrochen, und die Zahl der Arbeitslosen lag jenseits von zwölf Millionen.

Er legte sich eine pragmatische Einstellung zu, erreichte passable Leistungen und beschränkte sich ansonsten darauf, nicht unangenehm aufzufallen. Wenigstens wurde in seinem Hauptfach englische Literatur einiges geboten: T. S. Eliot, sein berühmter Landsmann aus St. Louis – mittlerweile freilich britischer Staatsbürger und Mitglied der Church of England – hielt eine Vorlesung über die englischen Romantiker, und der Dozent des Shakespeare-Kurses war ein Mann von beträchtlichem Showtalent, der seine Studenten Hunderte von Versen des großen Barden auswendig lernen ließ.

Den nachhaltigsten Eindruck jedoch hinterließ der Dozent des Coleridge-Kurses, der in einer umfangreichen Untersuchung nachgewiesen hatte, daß fast das gesamte Werk des visionären Dichters unter dem Einfluß von Opium entstanden war. Der Kurs war eine Lektion über die kreativen Chancen und das existentielle Risiko der Droge.

Die Kommilitonen des Wohnheims, in dem er in seinem zweiten Studienjahr logierte, hielten sich für Bohemiens. Ihn aber fanden sie doch ein wenig sonderbar: In seinem Zimmer hielt er sich ein Frettchen – und eine Kaliber-32.

Als 'Senior', in seinem vierten Jahr, versammelte er jeden Sonntag einige der wahren Exzentriker des Campus um sich. Ein arroganter englischer Adliger, Sohn des Ersten Lords der Admiralität, gehörte ebenso dazu wie ein gewisser William P. Frere von Blomberg, den eine Schwester des deutschen Reichskriegsministers adoptiert hatte. Der Brite gab vor, ein überzeugter Faschist zu sein, während der Deutsche eine Klatschkolumne für den BOSTON AMERICAN schrieb und später als Erweckungsprediger durchs Land zog.

In den Semesterferien versuchte sich Burroughs als Aushilfsreporter für die Lokalredaktion des ST. LOUIS POST-DISPATCH, was sich als rundum unbefriedigender Job erwies. Ständig sollte er die unglücklichen Eltern von vermißten Kindern dazu nötigen, ein Foto herauszurücken.

Quälend und anhaltend verfolgte ihn seine sexuelle Frustration, die schließlich so groß wurde, daß er ganz gegen seine Neigung ein Bordell frequentierte. An manchen Tagen versteckte ihn die Madam in einem kleinen Raum neben dem Foyer, damit er auf der Treppe nicht seinem Onkel begegnete.

Im Juni 1936 schloß er sein College-Studium ohne Auszeichnung mit dem Bachelor-Grad ab. Im Jahrbuch der Abschlußklasse machte er in der Spalte 'Berufsziel' keine Angaben. Der Abschlußfeier blieb er fern. Seine Eltern schenkten ihm eine Reise nach Europa und unterstützten ihn fortan mit einer monatlichen Zuwendung von 200 Dollar.

Harvard, 1935. (Burroughs Archiv)

BUDAPEST - DUBROVNIK - WIEN, 1936/37

Über Salzburg und Wien, wo die österreichischen Nazis schon ihre Aufmärsche abhielten, ging es nach Budapest. Burroughs hatte ein Empfehlungsschreiben für Baron Wolfner dabei, und dieser führte ihn gleich am ersten Abend in eins der einschlägigen Lokale aus, wo ihn jeder mit Vornamen anredete. "Welchen von den Jungs hier möchten Sie haben?" Ein Fingerschnipsen genügte.

In Dubrovnik lernte er Ilse Herzfeld kennen. Die Tochter eines jüdischen Kaufmanns aus Hamburg hatte Deutschland verlassen – als Mendelssohn-Bartholdy verboten wurde, war für sie das Maß voll – und brachte sich mit Englischstunden durch. Sie war eine zierliche Person von Mitte dreißig, die eine Vorliebe für die verblichene Eleganz der Herrenmode von einst hatte und ein Monokel trug. Der junge Amerikaner mit dem Sinn für das Ausgefallene mochte sie auf Anhieb.

Statt wieder nach Hause zu fahren, überraschte er seine Eltern mit der Nachricht, er werde sich an der Universität Wien immatrikulieren und ein Medizinstudium beginnen. Die Zulassungsbedingungen waren nicht so strikt wie in den USA, und etwas Deutsch hatte er sich inzwischen selbst beigebracht.

In Wien nahm er sich im Herbst 1936 ein Zimmer im Hotel Dianabad, das über ein eigenes Schwimmbad mit Sauna verfügte und für schwule Insider eine gefragte Adresse war. Ideale Bedingungen, die er indessen nicht nutzen konnte, weil sich nun eine Syphilis bemerkbar machte, die er sich in Amerika bei seinem allerersten Sex mit einem Strichjungen zugezogen hatte. Die Behandlung mit Arsen (Penicillin kam erst 1939 auf den Markt) war lästig und langwierig, und von den Injektionen wurde ihm regelmäßig schlecht.

Die medizinischen Vorlesungen besuchte er eher sporadisch, und er mußte feststellen, daß er für den Umgang mit Leichen und Kranken nicht ausreichend abgebrüht war. Medizin und Pharmakologie blieben dennoch ein lebenslanges Interesse.

Seine sechs Monate in Wien wurden nicht nur wegen der unfreiwilligen sexuellen Abstinenz zu einer einsamen und deprimierenden Angelegenheit. Die Zeitungen waren voll von antisemitischer Hetze und die Studenten, mit denen er sprach, schienen nichts dabei zu finden. Auch gegen die 'kriminelle Welt' der Homosexuellen wurde agitiert, und als Angehöriger dieser Minderheit konnte er sich ein Bild davon machen, wie es ist, wenn ringsum alles einem kollektiven Wahn verfällt.

Im Frühjahr 1937 mußte er sich einer Blinddarmoperation unterziehen. Anschließend fuhr er zur Erholung nach Dubrovnik und traf dort Ilse Herzfeld in einer prekären Lage an: Ihr jugoslawisches Visum lief ab, und sie konnte es nicht verlängert bekommen. Sie sah nur einen Ausweg – Heirat mit einem Amerikaner. Und der junge Student aus St. Louis war der einzige ledige Amerikaner in der Stadt. Burroughs überlegte sich die Sache und sagte schließlich ja. Seine Eltern waren entsetzt. Sie sahen ihn umgarnt von einer europäischen *femme fatale* und versuchten alles, um ihn von seinem Entschluß abzubringen. Doch er blieb dabei. Die Ehe wurde im Juli 1937 vor dem amerikanischen Botschafter in Athen geschlossen. Ilse Burroughs, nun nicht mehr von Abschiebung bedroht, ging zurück nach Dubrovnik, ihr dreizehn Jahre jüngerer Ehemann nach New York.

HARVARD, 1937/38

Kells Elvins, der Jugendfreund aus St. Louis, hatte an der Harvard-Universität noch ein Jahr bis zu seiner Magisterprüfung in Psychologie. Burroughs schloß sich ihm an und belegte Kurse in Archäologie und Ethnologie. Sie bewohnten ein kleines Holzhaus in der Nähe des Campus und leisteten sich einen schwarzen Koch. Der Fakultätsbetrieb stieß ihn ab, je mehr er davon mitbekam – die Intrigen, der Konkurrenzneid, das krampfhafte Festhalten an einer verstaubten und heuchlerischen Etikette. Es schien klar, daß eine akademische Karriere ein Maß von Selbstverleugnung erfordern würde, das er nicht aufbringen wollte.

Trotzdem waren die zwölf Monate in Cambridge, Massachusetts nicht ganz ohne Ergebnis, denn eines Tages beschlossen die beiden Freunde, gemeinsam eine Story für die Zeitschrift ESQUIRE zu schreiben. Es wurde eine grelle Satire auf eine Schiffskatastrophe – aus der Bibliothek hatten sie sich Material über den Untergang der Titanic und der Morro Castle besorgt. Abwechselnd spielten sie einander die verschiedenen Rollen vor und versuchten sich gegenseitig zu überbieten: Der betrunkene Schiffsarzt Dr. Benway, dem bei einer Blinddarmoperation das Skalpell ausrutscht (in NAKED LUNCH sollte aus ihm einer der großen Finsterlinge der Weltliteratur werden); der Kapitän, der sich als Frau verkleidet ins erste Rettungsboot schummelt; der stiernackige Provinzpolitiker aus Clayton, Missouri, der von der Jazzkapelle im Salon verlangt, daß sie die amerikanische Nationalhymne spielt, worauf diese mit einer Boogie-Woogie-Version des 'Star Spangled Banner' loslegt.

Von ESQUIRE kam ein indignierter Ablehnungsbescheid, doch für Burroughs blieb es eine wichtige Erfahrung: Die literarische Zusammenarbeit mit einem anderen hatte ihn vom 'Fluch des Tagebuchs' und seiner langjährigen Schreibhemmung befreit. 1964 hat er die Story in seinen Roman NOVA EXPRESS übernommen.

NEW YORK UND CHICAGO, 1939-1943

Im Frühjahr 1939 erhielt Burroughs eine Vorladung von der Einwande-
rungsbehörde in New York. Seine Frau, die sich in Jugoslawien nicht
mehr sicher fühlte, hatte die Einreise beantragt. Man wollte nicht so recht
an die Lauterkeit der Eheschließung von 1937 glauben – warum hatte er
seine Frau damals nicht mitgebracht? –, aber es gelang ihm, den Argwohn
der Beamten zu zerstreuen, und drei Wochen später konnte Ilse
Burroughs nach New York übersiedeln. Sie lebten nicht zusammen, sahen
sich aber regelmäßig, bis sie 1945 nach Europa zurückkehrte. Ein Jahr
danach besorgte er sich eine mexikanische Scheidung.
Im August besuchte er in Chicago eine Vortragsreihe des polnischen
Grafen Korzybski, der dort ein "Institute of General Semantics" gegründet
hatte. Die ganzheitliche Theorie des Grafen sagte ihm zu ("Sie denken
genauso mit Ihrem großen Zeh wie mit Ihrem Hirn – wahrscheinlich
sogar effektiver"), und es lag auch ganz auf seiner Linie, daß Korzybski
dazu riet, der doktrinären Begriffssprache zu mißtrauen und statt dessen
in Bildern zu denken. Er hatte sich ohnehin schon Gedanken gemacht, ob
man nicht mit Hieroglyphen oder chinesischen Ideogrammen besser dran
war. Das Ideal mußte wohl eine telepathische Verständigung sein. Hatte
nicht Dr. Federn, sein Analytiker in New York, mehr als tausend Beispiele
für telepathische Kommunikation mit seinen Patienten gesammelt?
Der unvoreingenommene Dr. Federn hob sich vorteilhaft von seinen
Kollegen ab, die Burroughs im Lauf der Jahre durchprobierte –
Freudianer, Reichianer, Adlerianer. Einmal geriet er an einen, der ihn
unbedingt umpolen wollte. "Meine Fortschritte machte ich größtenteils
gegen meinen Analytiker, dem meine 'Orientierung', wie er es nannte,
nicht gefiel. Am Ende gab er die neutrale Haltung, die sein Beruf von ihm
verlangte, einfach auf und nannte mich 'ein durch und durch verkom-
menes Subjekt'."
Narkoanalyse jedoch wurde zu einer interessanten Erfahrung: Unter der
Wirkung von Lachgas redete er plötzlich mit wechselnden Akzenten und
erlebte sich in verschiedenen Identitäten – verschlampter britischer Land-
edelmann, zynischer Wissenschaftler, kauziger Südstaaten-Reaktionär. In
NAKED LUNCH hat er sie alle ausagiert und in einer brillanten Serie von
Monologen verewigt.
Die Analyse beseitigte Hemmungen und Ängste, änderte aber nichts an
seinem Problem mit sexuellen Beziehungen. Keine Affäre ohne die entner-
vende Erfahrung, hoffnungslos ausgeliefert zu sein – den eigenen Gefühlen und den Schikanen des anderen. Schließlich war ein Punkt erreicht,
wo er einen drastischen Selbstversuch für angezeigt hielt, um zu sehen, ob
seine Willenskraft noch intakt war. Es war etwas, das man sonst nur als
rituelle Handlung bei den japanischen Yakuza kennt: Er hackte sich ein
Fingerglied ab.
Die Genugtuung, die er empfand, konnte sein Psychiater nicht nachvoll-
ziehen. Im New Yorker Bellevue-Hospital, wo eigentlich nur die Wunde
genäht werden sollte, fand er sich anschließend in halb betäubtem
Zustand in der geschlossenen Abteilung wieder. "Sie erklärten mich für

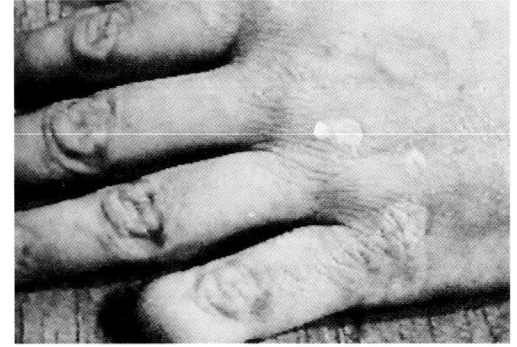

Burroughs' linke Hand, aus dem Film
TOWERS OPEN FIRE VON Antony Balch,
1963. (Burroughs Archiv)

schizophren und ergänzten es durch den Zusatz 'vom paranoiden Typus', um die störende Tatsache zu erklären, daß ich wußte, wo ich mich befand und wie der Präsident der Vereinigten Staaten hieß." Sein Vater mußte ihn herausholen und in einem Privatsanatorium unterbringen.

Mittlerweile besetzte die deutsche Wehrmacht ein Land nach dem anderen, und es schien klar, daß Amerika nicht auf Dauer neutral bleiben konnte. Burroughs, den man während seiner Schulzeit wegen gesundheitlicher Mängel stets von Kadettenlehrgängen ausgeschlossen hatte, war durchaus bereit, im Dienst für sein Land einen Beitrag zu leisten. Ein paar Dioptrien Kurzsichtigkeit konnten jetzt kein Hindernis mehr sein. Doch wo er es auch versuchte, sie wollten ihn nirgends haben. Nicht bei der Navy, nicht beim American Field Service, und nicht einmal beim Lastensegler-Corps, obwohl er bereits den Pilotenschein gemacht hatte. Es kamen plötzlich Kriterien ins Spiel, denen er nie Beachtung geschenkt hatte. So zum Beispiel, als er sich mit einem Empfehlungsschreiben seines Onkels Wideman bei Colonel Donovan meldete, der in Washington den militärischen Geheimdienst O.S.S. aufbaute (Office of Strategic Services, Vorläufer der 1947 gegründeten CIA). "Übrigens, welchen Clubs haben Sie in Harvard angehört? Ach . . . keinen?"

Drei Monate nach dem japanischen Überfall auf Pearl Harbor wurde er gemustert, für voll tauglich befunden und zur Armee eingezogen. Die Aussicht, als gemeiner Infanterist verheizt zu werden, war allerdings nicht nach seinem Geschmack. Seine Mutter kannte einen Neurologen, der in Washington ein staatliches Forschungsprojekt leitete und ihn ein für allemal vom Wehrdienst befreite. Das Argument war, daß man den Rekruten wegen seiner psychiatrischen Vorgeschichte gar nicht hätte einziehen dürfen. Nach fünf Monaten, die er in einer Kaserne mit der Lektüre des Gesamtwerks von Marcel Proust verbrachte, war es geschafft.

Auf dem vom Wehrdienst ausgedünnten Arbeitsmarkt konnte man inzwischen so gut wie jeden Job haben. Eine Weile arbeitete er in New York als Texter für eine Werbeagentur, dann ging er nach Chicago und nahm Gelegenheitsjobs in Fabriken an, und schließlich entdeckte er eine Tätigkeit, die ihn fesselte: Acht Monate arbeitete er als Kammerjäger für die Firma 'A.J. Cohen, Schädlingsbekämpfung'.

"Aus großer Entfernung sehe ich die verblichene, entrückte Szenerie einer Wohngegend an einem Apriltag mit blauem Himmel und stürmischem Wind, und in den kalten Strahlen der Sonne Ihren Kammerjäger, wie er eine altersgraue hölzerne Außentreppe hochsteigt. . . . Ich gehe an die Arbeit. Große rote Klumpen von Wanzen nisten im Drillichbezug der Matratzen. Ich rühre ein bißchen Formaldehyd in mein Kerosin, das macht die Sache hygienischer, und wenn wir im Negerviertel in ein Bordell kommen und ein Zuhälter legt sich mit uns an, kriegt er eine Ladung Formaldehyd ins Gesicht und wird gleich wieder friedlich . . ."

Der Achtundzwanzigjährige, den die Elite seiner Gesellschaftsschicht so stur und anhaltend brüskiert hatte, pflegte nun auf der North Side von Chicago täglichen Umgang mit Leuten, denen der Überlebenskampf keine Zeit für die Beachtung juristischer Feinheiten ließ. Er dachte sogar an eine Karriere als Bankräuber.

BEAT GENERATION

1943 - 1953: NEW YORK, TEXAS, NEW ORLEANS, SÜDAMERIKA

Im Frühjahr 1943 zog es Burroughs wieder nach New York, wo er sich im Greenwich Village ein Apartment nahm. Zeitweise arbeitete er in einem Detektivbüro und als Barmixer in der Umgebung des Times Square.
Zu den Bekanntschaften, die er im Village machte, gehörte ein angehender Schriftsteller namens Chandler Brossard, der für die Zeitschrift NEW YORKER eine Kolumne schrieb – 1952 veröffentlichte er den ersten Roman über die 'Hipster', jene amerikanischen Existentialisten aus dem kriminellen Milieu und den Jazzkellern der Boheme, die Norman Mailer 1957 in seinem provozierenden Essay THE WHITE NEGRO als die Vorläufer einer Jugendrebellion identifizierte, die ihre Energie aus der Musik und dem Lebensgefühl der Schwarzen bezog. Brossard stellte ihm einen schmächtigen blonden Südstaatler vor, der beim NEW YORKER als Korrektor arbeitete: Truman Capote. Doch Burroughs verspürte keine literarischen Ambitionen. Seit der Kollaboration mit Kells Elvins hatte er nichts mehr geschrieben.
Lucien Carr, ein junger Bekannter aus St. Louis, der jetzt an der Columbia-Universität studierte, kam öfter zu Besuch und brachte im Dezember 1943 einen Kommilitonen mit – den 17jährigen Allen Ginsberg aus Paterson, New Jersey, der ab und zu Gedichte schrieb, aber eigentlich davon träumte, einmal als kämpferischer Gewerkschaftsmann für die Interessen der Arbeiterklasse zu agitieren.
Als Burroughs im Februar 1944 an einen Eintritt in die Handelsmarine dachte und einen Fachmann suchte, den er ausfragen konnte, wußte Carr sofort den Richtigen. In der West End Bar, einem Stammlokal der Columbia-Studenten an der Ecke Broadway und 114. Straße, hatte er vor kurzem einen athletischen 21jährigen Burschen kennengelernt, der mit einem Football-Stipendium an die Universität gekommen war, sein Studium abgebrochen hatte und nun zur See fuhr. Er hieß Jack Kerouac. Der Sohn eines Schriftsetzers franko-kanadischer Abstammung hatte vorübergehend eine Karriere als Sportjournalist anvisiert, doch inzwischen stand für ihn fest, daß er Schriftsteller werden wollte. Er hatte sich vorgenommen, nichts weniger als der Chronist seiner Generation zu werden – "ein Leben lang in meinen eigenen Worten alles aufzuschreiben, was ich mit eigenen Augen gesehen hatte . . . als zeitgeschichtliches Dokument, das für die Zukunft festhält, was wirklich passierte und in uns allen vorging."
Damit hatte Carr die drei literarischen Protagonisten einer kulturrevolutionären Bewegung zusammengebracht, die einmal als 'Beat Generation' Schlagzeilen machen und die amerikanische Öffentlichkeit aus der spießigen Wohlstandslethargie der Eisenhower-Jahre gründlich aufschrecken sollte.

NEW YORK, 1944-1946: DIE BEAT KOMMUNE

Für Ginsberg und Kerouac wurde Burroughs bald so etwas wie ein Coach und Lehrmeister. In seiner Wohnung im Village lernten sie Bücher kennen, die auf den Lektürelisten der Columbia-Universität nicht vorkamen: Oswald Spenglers UNTERGANG DES ABENDLANDES, Alfred Korzybskis SCIENCE AND SANITY, Jean Cocteaus OPIUM, die Schriften von Wilhelm Reich, die Romane von Raymond Chandler und Dashiell Hammett, Bücher über Kartentricks und Jiu Jitsu.

Edie Parker, Kerouacs Freundin, hatte eine Ähnlichkeit mit der Filmschauspielerin Barbara Stanwyck und besuchte an der Columbia-Universität eine Zeichenklasse von George Grosz. Sie kam aus einem reichen Elternhaus, wurde aber von zuhause kurzgehalten und teilte sich deshalb in der 118. Straße eine Wohnung mit ihrer Freundin Joan Adams, einer 19jährigen Studentin vom Barnard College. Joan war verheiratet – ihr Mann war im Krieg –, sie hatte eine einjährige Tochter von einem anderen Mann und einen sechzehnjährigen Liebhaber, der bei ihr wohnte. Um mit der Miete zurechtzukommen, nahmen sich die beiden Girls einen Untermieter, den Anthropologie-Studenten Hal Chase aus Denver.

Der libertäre Haushalt wurde zum Treffpunkt der Kerouac-Freunde, zum Ort nächtelanger Diskussionen über Literatur und Leben, Buddhismus und Psychoanalyse, Gott und die Welt. Hal Chase hatte später den Eindruck, daß vieles von diesen jazz- und alkoholbeflügelten Jamsessions in Kerouacs Romanen wiederzufinden war.

Einziger Störfaktor war der homosexuelle Dave Kammerer, ein Burroughs-Bekannter aus St. Louis, der dem attraktiven Lucien Carr ebenso hartnäckig wie erfolglos nachstellte.

In der Nacht vom 13. auf den 14. August 1944 kam es zur Katastrophe. Carr und Kammerer hatten in der West End Bar einiges über den Durst getrunken und noch eine Flasche mitgenommen, um sie im Riverside Park zu leeren. Es kam zu einem heftigen Streit, und am Ufer des Hudson wurde der fünfzehn Jahre ältere und körperlich überlegene Kammerer so zudringlich und rabiat, daß Carr sich nicht mehr zu helfen wußte – er zog sein Pfadfindermesser und erstach den anderen. Die Leiche versuchte er, mit Steinen beschwert, im Fluß zu versenken.

Er war sicher, daß ihn in Sing-Sing der elektrische Stuhl erwartete. Burroughs, den er kurz nach der Tat aufsuchte, riet ihm, sich einen guten Anwalt zu nehmen und auf Notwehr zu plädieren. Carr fuhr statt dessen mit der U-Bahn in die 118. Straße zu Kerouac und holte ihn gegen sechs Uhr früh aus dem Bett. Dieser zog sich wortlos an und ging mit ihm in den nahegelegenen Morningside Park, wo sie die Tatwaffe in einem Gully verschwinden ließen. Kerouac und Burroughs wußten, daß sie sich strafbar machten, doch einen Freund an die Polizei auszuliefern kam nicht in Frage. Es dauerte zwei Tage, bis Carr in Begleitung eines Anwalts im Büro des Bezirksstaatsanwalts von Manhattan erschien und sich stellte. Kammerers Leiche war inzwischen von der Wasserschutzpolizei aus dem Fluß gefischt worden. Burroughs und Kerouac wurden als Mitwisser

Seite 32/33: Die erste Mannschaft der Beat Generation: links Jack Kerouac, daneben Allen Ginsberg und William Burroughs am Riverside Drive, New York, 1944. Ginsberg: "Wir sahen uns als literarische Marx-Brothers, ein Trio origineller Typen." (Ginsberg Deposit, Columbia-University)

vorübergehend festgenommen. Carr wurde schließlich wegen Totschlags zu einer Strafe von unbestimmter Dauer verurteilt – was im Höchstfall zwanzig Jahre bedeuten konnte – und mußte davon zwei Jahre in einer Jugendstrafanstalt absitzen.

Burroughs mit Hal Chase, New York, 1944. (Ginsberg Deposit, Columbia-University)

Während der nächsten zwölf Monate schrieben Kerouac und Burroughs gemeinsam einen Roman über den Fall Carr-Kammerer und seine Vorgeschichte. Kerouac, der den größeren Ehrgeiz hatte, wollte sich nicht mit einem bloßen Tatsachenroman begnügen – es sollte der erste existentialistische amerikanische Roman werden. Sie konnten eine literarische Agentur für das Manuskript interessieren, doch sämtliche Verlage lehnten ab. Burroughs verbuchte es als Fehlstart und ließ das Schreiben wieder sein.

Am 6. August 1945 kam ein weiterer Schock, als Harry Truman die Atombombe einsetzte und auf einen Schlag mehr als hunderttausend japanische Zivilisten ausmerzen ließ. Für Burroughs, der wegen seiner 'radioaktiven Alma Mater' Los Alamos eine besondere Beziehung zu dieser kriegsverkürzenden Maßnahme hatte, war es der amerikanische Sündenfall schlechthin, und er sah sich in einer düsteren Ahnung bestätigt:

"Amerika ist kein junges Land. Es ist alt und dreckig und bösartig, und das war es schon vor den Siedlern und vor den Indianern. Das Böse ist seit jeher da und liegt auf der Lauer."

Inzwischen hatte die Kommune ihr Quartier von der 118. in die 115. Straße verlegt, Joan Adams hatte sich von ihrem Mann getrennt – nach einem Blick auf diesen "Zirkel von Libertins" (Ginsberg) hatte der Kriegsheimkehrer prompt die Scheidung eingereicht –, und Kerouac hatte ein neues Antriebsmittel entdeckt, das ihm erlaubte, tage- und nächtelang ununterbrochen die Schreibmaschine zu bearbeiten: Benzedrin. Bald konnte auch Joan nicht mehr ohne "Bennies" existieren.

Seit einiger Zeit fand sie auch zunehmend Gefallen an dem coolen Bill Burroughs, und dieser gab schließlich sein Apartment auf und zog mit ihr zusammen. Er hatte durchaus nichts gegen Sex mit Frauen, und Joan war smart genug, um seine bisweilen provozierenden Statements ("Frauen sind ein Irrtum der Natur") in einem größeren Rahmen zu sehen – als Ausdruck seiner Überzeugung, daß das dualistische System sowieso eine Fehlkonstruktion ist.

Joan Adams, New York. (Ginsberg Deposit, Columbia-University)

"Sie war eine außergewöhnliche Person", hat er später von ihr gesagt. "Einer der intelligentesten Menschen, die mir je begegnet sind. Sie war es zum Beispiel, die auf die Idee kam, die Macht der Maya-Priester über ihre Bevölkerung müsse auf so etwas wie telepathischer Fernsteuerung beruhen haben." Eine Idee, die er später in mehreren seiner Romane zu phantastischen Szenarien ausgebaut hat.

Bisher hatte Burroughs die New Yorker Unterwelt nur studiert. Das änderte sich jetzt. Er kannte einen Burschen, der in den Docks arbeitete und sich nur wohlfühlte, wenn er jeden Tag etwas mitgehen ließ. Eines Tages brachte ihm der Mann heiße Ware und bat ihn, sich nach Abnehmern umzusehen. Burroughs verabredete sich in der Angler Bar an der 8. Avenue mit dem Ganoven Jack:

"Er glitt in die Nische, in der ich saß, und bestellte sich einen Whisky. Er kippte ihn runter, stellte das Glas hin und sah mich schräg von der Seite an.

'Was hat der Typ auf Lager?'

'Eine MPi und ungefähr fünfunddreißig Gran Morphium.'

'Das Morphium werd ich sofort los. Bei der MPi kanns ein bißchen dauern.' "

Der Abnehmer für das Morphium war ein schlaksiger Texaner namens Phil White, der seit Jahren an der Nadel hing. Um seine Sucht zu finanzieren, betätigte er sich als 'Fledderer' und 'schaffte im Loch', d.h. er mistete Betrunkene in der U-Bahn aus. Tiefer ging es buchstäblich nicht mehr in der Unterwelt.

Bei der Transaktion behielt Burroughs zwei Schachteln Morphium-Syretten für sich zurück. Die Syretten sahen aus wie kleine Zahnpasta-Tuben mit einer Kanüle am unteren Ende. Man schob eine Nähnadel durch die Kanüle, perforierte die Membran, und die Syrette war spritzfertig.

Ein paar Tage danach setzte er sich seinen ersten Schuß.

Die Welt des 'Junk', in die er nun eintauchte, hatte ihre eigenen Gesetze, ihren eigenen Slang, ihre Rituale und Tabus – und schwer kalkulierbare Risiken. Das Heroin vom Pusher auf der Straße kostete 1945/46 etwa drei Dollar pro Kapsel und war mit Milchzucker oder etwas Ähnlichem gestreckt. Gefährlich wurde es, wenn das Heroin stark verunreinigt oder sogar mit Strychnin gestreckt war, das nach Aussehen und Geschmack kaum von Heroin zu unterscheiden ist. Wenn man einen Junkie beseitigen wollte, drehte man ihm pures Strychnin an.

Im April 1946 wurde Burroughs wegen Rezeptfälschung verhaftet. Da er keine Vorstrafen hatte, kam er mit vier Monaten auf Bewährung davon. Schon in den paar Stunden, die es dauerte, bis Joan ihn gegen Kaution aus der Untersuchungshaft befreien konnte, bekam er heftige Entzugserscheinungen und konnte daran sehen, wie weit seine Sucht bereits fortgeschritten war.

Mit den 200 Dollar von zuhause kam er jetzt nicht mehr aus. Er mußte sich zusätzliches Geld beschaffen. Eine Weile ging er mit Phil White auf die Fledder-Tour, aber das war zu unergiebig und nervenzehrend, und wenn man beim Ausmisten eines Betrunkenen erwischt wurde, gab es fünf Monate und 29 Tage im Knast von Riker's Island. Dort wurden für dreißig Tage auch Junkies aufgenommen, die entziehen wollten. Sie bekamen keine Medikamente, nur eine Zelle. Die Junkie-Zellen waren immer voll belegt.

Herbert Huncke, ein Hipster und Junkie vom Times Square, der nach Einbrüchen sein Diebesgut bei Joan oder in der Wohnung von Ginsberg zwischenlagerte, brachte ihn mit einem erfahrenen Oldtimer zusammen: Bill Garver, Mitte vierzig, Sohn eines Bankpräsidenten aus Philadelphia. Garvers Standardspruch war: "Junk ist das einzige in meinem Leben." Das Geld für den Stoff beschaffte er sich, indem er Mäntel aus Restaurants stahl.

Burroughs und Garver beschlossen, gemeinsam als Pusher zu arbeiten. Bei einer 'Connection' im Italienerviertel kauften sie in regelmäßigen Abständen eine Viertelunze Heroin, legten das Quantum für ihren Eigenbedarf zur Seite und verschnitten den Rest mit Laktose. Burroughs war damals vermutlich der gewissenhafteste Pusher in ganz New York – sein Stoff hatte einen Reinheitsgrad von sechzehn Prozent. Bald stellte sich aber heraus, daß die Viertelunzen des Italieners ein auffälliges Untergewicht hatten. Ein weiteres Problem war, daß sie sich eine zuverlässige Stammkundschaft nicht schnell genug aufbauen konnten und auch an Leute verkaufen mußten, die sie nicht näher kannten. Sie mußten damit rechnen, früher oder später an einen Spitzel des Rauschgiftdezernats zu geraten.

Allmählich wurde Burroughs der Boden in New York zu heiß.

TEXAS, 1947-1948

Bei der Ortschaft Pharr im Tal des Rio Grande hatte sich Kells Elvins eine
Obstplantage und einige Baumwollfelder zugelegt und führte ein Leben
als Gentleman-Farmer. Burroughs überredete seine Eltern, ihm das Geld
für ein Baumwollfeld von zwanzig Hektar vorzustrecken und tat sich mit
Elvins zusammen. Für Baumwolle gab es einen Subventionspreis und
eine staatliche Abnahmegarantie. Da konnte eigentlich nichts schiefgehen.
Es sei denn, die Ernte wurde verhagelt, oder man konnte den Traktor
nicht abbezahlen oder flog mit einem Subventionsschwindel auf. Oder es
gab Ärger mit den Mexikanern, die man illegal über den Fluß holte und
für einen Hungerlohn – oft unter Androhung von Waffengewalt – auf den
Feldern schuften ließ. Der Farmer im Rio-Grande-Tal, so schien es, brach
mehr Gesetze als jeder Junkie.
In New York war Joans Benzedrin-Konsum so horrend geworden, daß sie
zeitweise in einen psychotischen Zustand geriet. Schließlich kam von
Allen Ginsberg die Nachricht, daß man sie am Times Square aufgegriffen
und in die geschlossene Abteilung von Bellevue eingeliefert hatte.
Burroughs fuhr nach New York und holte sie heraus. Sie war im zweiten
Monat schwanger, und für ihn gab es keinen Zweifel, daß sie von ihm
schwanger war. An eine Abtreibung war in ihrem Zustand nicht zu
denken.
Er beschloß, Joan und ihre vierjährige Tochter Julie mit nach Texas zu
nehmen. Sie würden sich eine einsam gelegene Farm suchen und etwas
anbauen, das echtes Geld brachte: Marihuana. Darauf standen in Texas
zwei Jahre Gefängnis, aber das Risiko ließ sich mindern, wenn man eine
rückständige Gegend aussuchte, wo die Pflanze *Cannabis sativa* nicht
bekannt war.
In der Nähe von New Waverly fanden sie etwas Passendes. Das Farmhaus
war zwar stark reparaturbedürftig und hatte weder Strom noch Wasser,
aber die abgeschiedene Lage war ideal. Herbert Huncke, den sie aus New
York kommen ließen, kümmerte sich um die Beschaffung des Saatguts. Er
machte sich mit Instandsetzungsarbeiten nützlich und fuhr einmal die
Woche nach Houston, wo er Benzedrin-Inhalierer für Joan und Opium-
tinktur für Burroughs besorgte. Huncke hatte den Eindruck, daß sein
Freund Bill hier draußen ganz in seinem Element war. Durch das Haus
rannten Ratten so groß wie Opossums, und es gab massenhaft Skorpione,
Taranteln und Tausendfüßler – Anlaß zu häufigen Schießübungen.
Ringsum hatte man subtropische Vegetation und Sumpfland mit Arma-
dillos und Chamäleons, und von den Eichen und Dattelpflaumenbäumen
hing das Spanische Moos wie grünes Lametta herunter.
Die Marihuanastauden, zur Straße hin mit Tomatenstöcken abgeschirmt,
gediehen prächtig. Ab und zu kam ein Nachbar vorbei und amüsierte sich
über die ahnungslosen Städter: "Wißt ihr nicht, daß Tomaten in diesem
Boden nicht wachsen?"
Am 21. Juli brachte Joan einen Sohn zur Welt – William Burroughs III,
genannt "Billy".
Bei der Marihuana-Ernte im September machten sie den Fehler, daß sie

die abgeschnittenen Stauden nicht an der Sonne trockneten, sondern im dunklen Schuppen aufhängten. Sie hatten auch versäumt, die männlichen Pflanzen rechtzeitig zu entfernen (nur unbestäubte weibliche Pflanzen haben einen hohen Gehalt an Cannabinol), und stopften nun das noch halb grüne Kraut samt Stengeln in Einmachgläser.

Als sie die beschwerliche Fahrt nach New York – 3000 Kilometer mit einem alten Jeep – hinter sich hatten, fanden sie keine Käufer. Am Ende mußten sie die Ernte, von der sie sich so viel versprochen hatten, für ganze hundert Dollar abstoßen.

Der Gangsterboß Lucky Luciano hatte inzwischen den Heroinschmuggel von Sizilien über Havanna und Miami neu organisiert, und die Stoffknappheit in New York war beseitigt. Bill Garver konnte Burroughs stets etwas beschaffen. Von einer Heroinsucht, wie er sie jetzt hatte, war mit selbstverordneten Entziehungsmethoden, z.B. indem er die Lösung zunehmend mit destilliertem Wasser verdünnte, nicht mehr loszukommen.

Im Januar 1948 ging er nach Lexington, Kentucky und machte im staatlichen Narcotics Hospital eine Kur. Die dort übliche Reduktionskur mit Dolophin, einem synthetischen Opiat, erwies sich als wirkungslos.

Bis zum Sommeranfang hielt er noch in New Waverly durch, dann gab er die Farm auf und sah sich nach einem Ort um, wo es eine schwule Szene und gleichzeitig auch Junk gab. Seine Wahl fiel auf New Orleans.

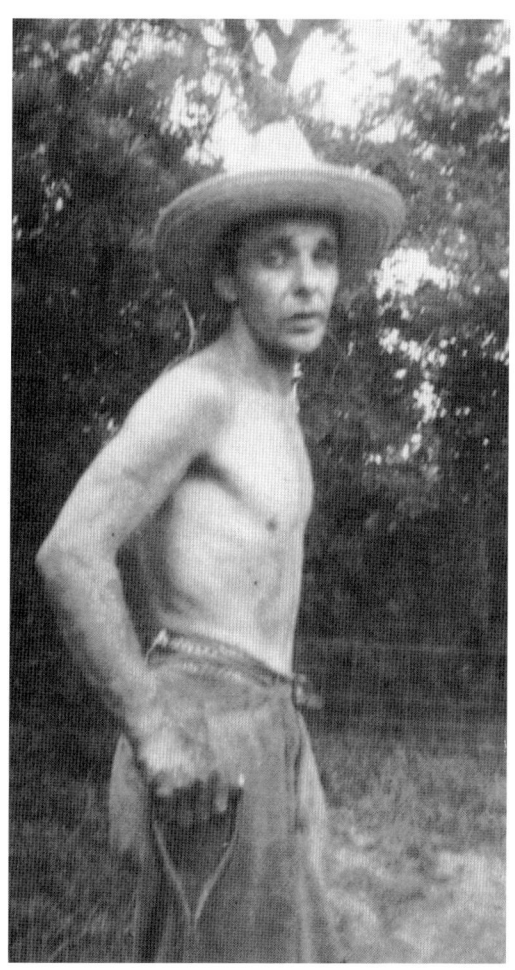

Herbert Huncke auf der Burroughs-Farm in New Waverly, Texas, 1947. (Ginsberg Deposit, Columbia-University)

NEW ORLEANS, 1948-1949

Mit Joan und den Kindern bezog Burroughs im Juni 1948 ein baufälliges, von Trauerweiden umstandenes Haus in dem Vorort Algiers, den man mit der Fähre über den Mississippi erreichte.

Das French Quarter war voll von Pushern, die sich gegenseitig unterboten. Zwei Dollar pro Kapsel war die Norm. Aber der Staat Louisiana hatte auch die schärfsten Drogengesetze weit und breit. Man machte sich bereits strafbar, wenn man Einstiche an den Armen hatte. Die Folge war, daß Junkies dazu übergingen, sich zwischen die Zehen zu fixen.

Im Januar 1949 kam Jack Kerouac zu Besuch, chauffiert von seinem Freund Neal Cassady, der als "Dean Moriarty" einmal der Held seines Bestsellers ON THE ROAD werden sollte. Er stellte fest, daß das Gras im Hof fast einen Meter hoch war und im Burroughs-Haushalt am Essen gespart wurde. Das Geld wurde für etwas anderes gebraucht. Allein Joan gab für ihre Inhalierer zehn Dollar pro Woche aus, obwohl sie vom Drogisten einen Mengenrabatt bekam. Die Inhalierer enthielten benzedrin-getränkte Streifen Löschpapier, die man zu Kügelchen drehte und mit etwas Flüssigkeit schluckte.

Bill, so fand er, war ganz der alte: Klapperdürr, aber voll jugendlicher Spannkraft – "wie ein Prediger aus Kansas mit exotischen, phänomenalen Feuern und Mysterien . . . Auf dem Schoß hatte er die Codices der Mayas und in der Hand eine Luftpistole, mit der er auf Benzedrin-Röhrchen schoß, die übers ganze Wohnzimmer verteilt waren."

Joan dagegen hatte sich verändert. Ihr Gesicht, einst voll und attraktiv, war hohlwangig und abgezehrt und wirkte wie versteinert. Seit der Ankunft in Algiers war eine leichte Kinderlähmung aufgetreten, und sie hinkte ein wenig.

Am 6. April fuhren Burroughs und ein Junkie mit Vorstrafenregister durch die Straßen von New Orleans und suchten nach einem Pusher. Die Besatzung eines Streifenwagens erkannte den Junkie und hielt den Wagen an. Im Handschuhfach lag eine unregistrierte Waffe, die Burroughs bei einem Pfandleiher versetzen wollte. Das genügte.

Sie durchsuchten sein Haus in Algiers und fanden ein Pfund Marihuana und etwas Heroin. Er wurde verhaftet und kam in Untersuchungshaft. Joan stellte Kaution, und der Anwalt, den sie ihm besorgte, brachte ihn in einem Privatsanatorium unter. Die Kur mit einem neuen Antihistamin war erfolgreich, weil er bei der Einlieferung schon halb im Entzug war. Trotzdem konnte ihm sein Anwalt wenig Hoffnung machen. Zwei bis fünf Jahre Gefängnis schienen unausweichlich. Burroughs beschloß, zur Verhandlung erst gar nicht zu erscheinen. Er setzte sich mit seiner Familie nach Mexico City ab, um dort die Verjährung abzuwarten.

MEXICO CITY, 1949-1952

An einem Oktobertag überquerten sie die Grenze: "Etwas fällt von einem ab, sobald man über die Grenze nach Mexiko kommt. Die Landschaft springt einen förmlich an; es gibt nichts mehr, was sich dazwischenschiebt. Berge und Wüste und Geier . . . Wenn sie etwas erspäht haben, stürzen sie aus dem blauen Himmel, diesem grellen, blutig-blauen mexikanischen Himmel; sie kommen herunter wie eine schwarze Windhose, die in sich zusammenfällt . . ."

Mexico City hatte damals eine Million Einwohner, und Luftverschmutzung war noch ein Fremdwort. Jeder schien die Kunst zu beherrschen, sich nur um seinen eigenen Kram zu kümmern, und mit Bestechung ließ sich so gut wie alles regeln. Eins fand Burroughs ganz besonders sympathisch: Als Autoritätspersonen galten Polizisten ungefähr so viel wie Straßenbahnschaffner. Nicht selten kam es vor, daß ein betrunkener Gesetzeshüter in ein Lokal stürmte und um sich schoß, worauf die Gäste prompt das Feuer erwiderten.

Dank seines Entlassungsscheins von der Infanterie hatte er ein Anrecht auf die Fortbildungsbeihilfe für ehemalige Angehörige der US-Streitkräfte und konnte nun zusammen mit Veteranen wie Kells Elvins, der den Krieg im Pazifik als Hauptmann bei den Ledernacken mitgemacht hatte, auf Staatskosten am Mexico City College studieren. Er entschied sich für Geschichte und Sprache der Mayas.

Joan war erschüttert, als es ihre unentbehrlichen Inhalierer nirgends zu kaufen gab, doch nach drei Wochen hatte sie sich umgewöhnt und schrieb an Allen Ginsberg, daß sie schon morgens um acht ihr erstes Glas Tequila trank. Die Literflasche kostete vierzig Cents. "Bill geht es gut . . . Die Boys

Burroughs mit dem Pusher Dave Tercerero, Mexico City, 1950. "Old Dave" lebte damals mit der Prostituierten Esperanza Villanueva zusammen, über die Kerouac 1955 seinen Roman TRISTESSA schrieb. (Louis R. Cartwright/Burroughs Archiv)

Orizaba 210, Mexico City: Burroughs' Adresse während des Jahres 1952, sein Apartement lag im ersten Obergeschoß. (Archiv John Montgomery)

Die Bewohner dieser Gegend mustern den Fremden mit funkelnden haßerfüllten Blicken. Sie bewegen sich alle merkwürdig eckig, da sie beim Gehen die Hüfte vollkommen starr halten und einen Fuß steif vor den anderen setzen. Carl sah mehrere Kinder, deren Hüften in orthopädischen Gestellen steckten. Jeder trug irgendeine Uniform, oft auch eine Polizeimarke. Eine Gruppe von uniformierten Jungen, keiner älter als neun Jahre, versperrte ihm den Weg. Sie hatten ausgemergelte alte Gesichter und einen kalten mißbilligenden Blick in den Augen. "Sie ham hier nicht so rumzulaufen und mit dem Arsch zu wackeln, Mister." "Nicht vor den Augen von anständigen Bürgern." "Was sind Sie überhaupt? Vielleicht 'n Schwuler?" Rasch findet sich eine drohende Menschenmenge ein . . . "Wieder so ein Fremder". . . „Der muß zur Untersuchung". . . „Muß verhört werden. . ."

hier sind reizend, leicht zu haben und billig (3 Pesos), aber meine Geduld kennt ja keine Grenzen."

Da in Mexiko alles billiger war als in den USA, erwartete Burroughs auch einen günstigeren Preis für Junk. Das Gegenteil war der Fall. Im Vorzimmer eines Anwalts, dessen Spezialität es war, Auslieferungsverfahren endlos zu verzögern – bei den Justizbehörden von Louisiana mußte man damit rechnen, daß sie nichts unversucht ließen –, traf er einen Junkie namens Dave Tercerero, der ihn mit knappen Worten ins Bild setzte:

Der Drogenhandel wurde beherrscht von Lola la Chata, der führenden Hehlerin in der Stadt. Sie schmierte die Polizei, und wenn sie von ihren Spitzeln einen freischaffenden Pusher gemeldet bekam, ließ sie ihn von ihren uniformierten Freunden aus dem Verkehr ziehen. Ihr Stoff war teurer und gleichzeitig schlechter als der in den USA. Man brauchte eine doppelte Dosis, nur um seinen Pegel zu halten. Obendrein mußte man sich auch noch Lolas zynische Lebensweisheiten anhören. Zum Beispiel diese: "Pushen ist eine stärkere Sucht als Fixen."

Die Alternative hieß, wie immer, Morphium auf Rezept. In der Stadt gab es soviele Ärzte, daß manche nur von Junkies zu leben schienen. Apotheker hatten allerdings etwas gegen Junkies und verkauften ihnen entweder gar nichts ("No prestamos servicio a los viciosos!") oder füllten ihnen undefinierbares Zeug ab, das alles andere als Morphium war.

Selbst die Kinder der gutbürgerlichen Nachbarschaft, in der die Familie Burroughs wohnte, hatten den Gentleman aus Amerika bald im Verdacht und schrien ihm auf der Straße ein gellendes "Vicioso!" nach.

Eines Tages bekam Tercerero einen heißen Tip. Mit einem ärztlichen Attest konnte man angeblich beim Gesundheitsamt einen Bezugsschein für Morphium beantragen – 15 Gramm pro Monat, und zwar zum Großhandelspreis. Das klang zu gut, um wahr zu sein. Burroughs gab ihm die hundert Pesos für ein Attest, und der Antrag wurde tatsächlich bewilligt: "Ich erinnere mich noch genau, wie er das erste Mal mit seinem Bezugsschein einkaufen ging. Eine ganze Schachtel voll Morphium-Ampullen. Der Traum jedes Junkies."

Bei derart gesichertem Nachschub erforderte es schier übermenschliche Anstrengungen, die Qualen eines Entzugs auf sich zu nehmen und nicht mehr rückfällig zu werden. Er unternahm mehrere Versuche, die alle scheiterten. Die Sucht war inzwischen zu stark. Länger als ein oder zwei Monate konnte er nicht durchhalten. Joan, Kells Elvins und die gemeinsamen Freunde verloren die Geduld mit ihm. So oft er entzogen hatte, mußte er sich mit Alkohol betäuben und bot jedesmal ein erschreckendes Bild der Verwahrlosung:

"Meine Kleider waren fleckig und steif von den vielen Drinks, die ich verschüttet hatte. Ich nahm nie ein Bad. Ich hatte abgenommen, meine Hände zitterten, ständig sudelte ich mich voll, warf Stühle um und fiel hin. Doch meine Energie schien unerschöpflich zu sein, und ich vertrug mehr Alkohol als je zuvor. Meine Emotionen waren nicht zu bändigen. Ich entwickelte ein geradezu zwanghaftes Mitteilungsbedürfnis und redete auf jeden ein, den ich festnageln konnte. Wildfremden Leuten rückte ich mit widerwärtig intimen Bekenntnissen auf den Leib, und mehrmals ließ ich mich zu plumpen sexuellen Annäherungsversuchen hinreißen, obwohl der Betreffende nicht das geringste Interesse zeigte."

Elvins gab den Freund nicht auf. Er redete ihm ins Gewissen, und er drängte ihn, die Erlebnisse der letzten fünf Jahre und sein Insider-Wissen über die Welt der harten Drogen aufzuschreiben. Im Herbst 1950 begann Burroughs mit der Arbeit an einem autobiographischen Roman. Zugute kam ihm dabei sein fotografisches Gedächtnis – er konnte sich an jede Einzelheit erinnern, seit der Mann von den New Yorker Docks mit der zerlegten Maschinenpistole und den Syretten bei ihm aufgetaucht war. Im Dezember hatte er eine erste Fassung des Manuskripts fertig.

Ein halbes Jahr danach lernte er einen 21jährigen Amerikaner kennen, der drei Jahre beim Counter Intelligence Corps der US-Armee in Deutschland gewesen war und sich europäische Manieren angeeignet hatte. Das war natürlich nicht das einzige, was ihn an dem jungen Mann interessierte. Um ihn für sich einzunehmen, lud er ihn zu einer Reise nach Südamerika ein. Doch der junge Hetero ließ sich auf Intimitäten nur selten und betont widerwillig ein, und der Trip wurde ein Fiasko.

In einer Dschungelsiedlung im südlichsten Teil von Ekuador hatte Burroughs eines Nachts eine seiner schlimmen Vorahnungen. Er sah sich, wie er in Mexico City vor der Bounty-Bar, einem Treffpunkt der Exil-Amerikaner, auf dem Gehsteig kniete und schluchzend seinen weinenden Sohn an sich drückte. An der Ecke standen Männer in Häftlingskleidung.

Nach der Rückkehr, Anfang September 1951, geriet er in schwere Depressionen, die er in Alkohol ertränkte. Auch Joan war in schlechter Verfassung und trank von früh bis spät. Hal Chase, der kurz zuvor in der Stadt gewesen war, hatte sie kaum wiedererkannt – ihr Gesicht war aufgedunsen, ihr Haar war schütter geworden, und an den Armen hatte sie offene Geschwüre. Sie hatte ihm erzählt, sie leide an einer unheilbaren Krankheit.

Burroughs war knapp bei Kasse und beschloß, eine seiner Waffen zu verkaufen. Es war eine Star Automatic, Kaliber .380, die er ohnehin nicht mochte, weil sie zu tief schoß. Er verabredete sich mit dem Interessenten, einem amerikanischen Bekannten, in dessen Wohnung über der Bounty-Bar.

Als er dort am Nachmittag des 6. September in Begleitung von Joan eintraf, war eine Party im Gang, und auf dem Fußboden lagen schon mehrere leere Ginflaschen herum. Es wurde weiter getrunken, und irgendwann sagte er zu Joan: "Ich schätze, es wird Zeit für unsere Wilhelm-Tell-Nummer." Niemand fand etwas dabei. Hatte er nicht unten in der Bar schon einmal auf mehrere Schritt Entfernung eine Maus durchlöchert, die der Barkeeper erwischt und am Schwanz hochgehalten hatte?

Joan, die etwa zweieinhalb Meter von ihm entfernt in einem Sessel saß, stellte sich ein Wasserglas auf den Kopf, drehte sich ein wenig zur Seite und sagte: "Ich kann nicht hinsehen – ihr wißt ja, von Blut wird mir schlecht." Er hob die Waffe. Niemand ging dazwischen, obwohl damit zu rechnen war, daß im nächsten Augenblick Glassplitter durchs ganze Zimmer fliegen würden. Burroughs drückte ab. Die Kugel traf Joan in die Schläfe.

In Galveston, Texas, las Allen Ginsberg am nächsten Tag die Meldung in der Zeitung. Er war mit Lucien Carr auf dem Rückweg von Mexico City, wo sie Burroughs bei ihrem Besuch nicht angetroffen hatten – er war erst kurz nach ihrer Abreise aus Südamerika zurückgekehrt. Mit Joan und den Kindern hatten sie eine Fahrt in die Berge unternommen. Der Wagen, mit dem angetrunkenen Carr am Steuer, war in halsbrecherischer Fahrt durch die Kurven der schmalen Gebirgsstraße geschlingert, und trotzdem hatte Joan den Freund noch angestachelt: "Laß mal sehn, was du aus der Karre rausholen kannst." Ginsberg schien es, als habe sie auch in der Wohnung über der Bounty-Bar das Schicksal herausgefordert.

Zeitungsausschnitt aus der NEW YORK DAILY NEWS vom 8. September 1951.

Heir's Pistol Kills His Wife; He Denies Playing Wm. Tell

Mexico City, Sept. 7 (AP).—William Seward Burroughs, 37, first admitted, then denied today that he was playing William Tell when his gun killed his pretty, young wife during a drinking party last night.

Police said that Burroughs, grandson of the adding machine inventor, first told them that, wanting to show off his marksmanship, he placed a glass of gin on her head and fired, but was so drunk that he missed and shot her in the forehead.

After talking with a lawyer, police said, Burroughs, who is a wealthy cotton planter from Pharr, Tex., changed his story and insisted that his wife was shot accidentally when he dropped his newly-purchased .38 caliber pistol.

Husband in Jail.

Mrs. Burroughs, 27, the former Joan Vollmer, died in the Red Cross Hospital.

The shooting occurred during a party in the apartment of John Healy of Minneapolis. Burroughs said two other American tourists whom he knew only slightly were present.

Burroughs, hair disheveled and clothes wrinkled, was in jail today. A hearing on a charge of homicide is scheduled for tomorrow morning.

No Arguments, He Says.

"It was purely accidental," he said. "I did not put any glass on her head. If she did, it was a joke. I certainly did not intend to shoot at it."

He said there had been no arguments or discussion before the "accident."

"The party was quiet," he said. "We had a few drinks. Everything is very hazy."

Burroughs and his wife had been here about two years. He said he was studying native dialects at the University of Mexico. He explained his long absence from his ranch by saying that he was unsuited for business.

Wife From Albany.

He said he was born in St. Louis and that his wife was from Albany, N. Y. They have two children, William Burroughs Jr., 3, and

William Seward Burroughs in Mexico City prison.

(Associated Press Wirefotos)
The late Mrs. Joan Burroughs—killed at party.

Julie Adams, 7, who he said was his wife's daughter by a previous marriage. The couple had been married five years.

She had attended journalism school at Columbia University before her marriage to Burroughs.

Burroughs, who also had been married before, formerly lived in Loudonville, a swank suburb of Albany. He is a graduate of Harvard University and worked for two weeks in 1942 as a reporter for the St. Louis Post-Dispatch.

His paternal grandfather laid the foundation of a fortune when he built his first adding machine in St. Louis in 1885.

Burroughs beim Verhör durch einen Beamten der Kripo von Mexico City, 7. September 1951, nach dem Tod von Joan Adams, die nach mexikanischem Recht als seine Ehefrau galt. (Ginsberg Deposit, Columbia-University)

Burroughs wußte es besser. Es war seine katastrophale Idee gewesen. Es war seine Schuld, und sie würde ihn sein Leben lang verfolgen.

Vor dem Untersuchungsrichter sagten die Zeugen übereinstimmend aus, der Schuß habe sich versehentlich gelöst. Die Anklage lautete auf 'imprudencia criminal' (Höchststrafe: fünf Jahre). Bis zur Hauptverhandlung – bei der mexikanischen Justiz konnte es gut ein Jahr dauern – sollte der Angeklagte in Haft bleiben. Doch Burroughs' Anwalt, ein Bruder der Filmschauspielerin Katy Jurado, war mit dem Richter wie mit dem Staatsanwalt befreundet und konnte erreichen, daß sein Mandant schon nach zwei Wochen gegen Kaution auf freien Fuß kam.

Joan wurde auf dem amerikanischen Friedhof in Mexico City beigesetzt. Die beiden Kinder kamen zu ihren Großeltern.

Burroughs bewegte sich jetzt auf sehr dünnem Eis. Jeden Montag früh um sieben hatte er sich im Lecumbere-Gefängnis zu melden, andernfalls verfiel die Kaution, und er kam wieder in Haft. Nicht nur er, sondern auch die Tatzeugen wurden von der Polizei ständig beschattet. Da er ein unauffälliges Leben führen mußte, war es vielleicht gut, daß er von der Südamerika-Reise eine Gelbsucht mitgebracht hatte und nun auch keinen Alkohol mehr anrühren durfte. Im Dezember erfuhr er von Ginsberg, daß sich sein einstiger Partner Phil White im Stadtgefängnis von Manhattan erhängt hatte.

Die einzig gute Nachricht in diesen deprimierenden Monaten kam wieder von Ginsberg, der ihm im April 1952 mitteilte, daß er in New York einen Verlag für das Romanmanuskript JUNKIE gefunden hatte.

Im Mai kam Kerouac für zwei Monate zu Besuch und fand ihn mitten in der Arbeit an einem neuen Roman. QUEER, die Geschichte des Südamerika-Trips und der Affäre mit dem 21jährigen Amerikaner, blieb ein Fragment und wurde erst dreiunddreißig Jahre später veröffentlicht.

Im Herbst schoß sein Anwalt einen 17jährigen Mexikaner an, der seinen Cadillac gerammt hatte. Der Junge starb im Krankenhaus an Wundstarrkrampf, und der Anwalt setzte sich nach Brasilien ab.

Burroughs' Prozeßtermin war inzwischen schon mehrmals anberaumt und wieder verschoben worden. Im Dezember hatte er genug und verließ Mexiko. Später erfuhr er, daß man ihn in Abwesenheit zu zwei Jahren auf Bewährung verurteilt hatte.

KOLUMBIEN, PERU UND NEW YORK, 1953

Noch während der Arbeit an JUNKIE hatte Burroughs von einer Droge namens Yage gelesen, mit der sich die Medizinmänner der Indianerstämme im Quellgebiet des Amazonas in Trance versetzten. Es handelte sich offenbar um eine halluzinogene Substanz, die im Saft einer Liane der Gattung *banipsteriosis* enthalten war. Der kolumbianische Wissenschaftler Fisher-Cardenas hatte 1923 das Alkaloid der Pflanze erstmals isoliert und ihm die Bezeichnung 'Telepathin' gegeben.

Das machte Burroughs hellhörig: Eine Naturdroge, die nicht zur Sucht führt und das Bewußtsein erweitert, statt es wie Junk zu verengen. Hier

Im Amazonasdschungel auf der Suche nach Yage, Kolumbien, 1953. (Burroughs Archiv)

war die Chance zu einem Einblick in eine andere Realität, und er würde es sich nie verzeihen, wenn er sie ungenutzt ließ. Kurz entschlossen machte er sich auf den Weg. Über Panama City, wo er sich ein Touristenvisum für Kolumbien ausstellen ließ, reiste er nach Bogota, und am 15. Januar schrieb er seinem Freund Ginsberg, daß er im botanischen Institut der Universität einen der wenigen Spezialisten für Naturdrogen getroffen hatte. Es war Richard Evans Schultes, ein ehemaliger Harvard-Kommilitone, der schon seit zwölf Jahren den nordwestlichen Teil des Amazonasdschungels erforschte. Dr. Schultes empfahl ihm die Putumayo-Region an der Grenze zu Peru und gab ihm den dringenden Rat, ein krampflösendes Mittel mitzunehmen, denn nach der Einnahme von Yage konnte es zu Konvulsionen kommen . . .

Die Reise zum Rio Putumayo war reich an Strapazen und unliebsamen Zwischenfällen. Ein ums andere Mal wurde er von dubiosen Medizinmännern geneppt und von Strichjungen ausgeraubt, und da in einigen Landesteilen Bürgerkrieg herrschte, sah er sich häufigen Schikanen durch die Policia Nacional ausgesetzt. Als er schließlich per Lastwagen und Flußkahn mit Außenbordmotor den Grenzort Puerto Assis am Putumayo erreichte, bekam er Schüttelfrost und Fieber und landete in einer Arrestzelle, weil man in seinem Visum einen Fehler entdeckte. Nach fünf Tagen eskortierte ihn ein Polizist in die Provinzhauptstadt Macoa, und dort wurde ihm mitgeteilt, er müsse zurück nach Bogota, um sein Visum korrigieren zu lassen.

Die unfreiwillige Rückkehr nach Bogota erwies sich als Glücksfall: Dr. Schultes brach gerade mit einigen kolumbianischen und britischen Kollegen zu einer Expedition in den Dschungel auf, und Burroughs konnte sich anschließen.

Diesmal fand er einen kompetenten Brujo, der ihn an einer Yage-Zeremonie teilnehmen ließ. Es wurde ein anstrengender Trip: Taubes Gefühl in allen Gliedmaßen; heftiges Erbrechen; Angstzustände, Krämpfe und Zuckungen; stundenlanges Delirium. Dabei hatte er nur eine winzige Menge zu sich genommen, die etwa dem Inhalt eines Fingerhuts entsprach. Er entschied, daß das stark eingekochte und verdickte Gebräu, das im übrigen noch unbekannte pflanzliche Zusätze enthielt, nicht das Richtige war.

Ein Indianer vom Rio Vaupes, den die Expedition als Führer angeheuert hatte, verstand sich auf eine andere Methode der Zubereitung, und bei diesem Trank blieben Angstzustände, Krämpfe und Erbrechen aus. Burroughs verspürte ein gesteigertes Lustempfinden und erlebte eine anhaltende Sequenz von lebhaften bildlichen Assoziationen. Zum ersten Mal bekam er einen plastischen Eindruck, wie es sein könnte, "in Bildern zu denken".

Jetzt wollte er es genau wissen. Er vermutete, daß Yage seine Wirkung nur voll entfaltete, wenn die Fasern von der Innenseite der Rinde nicht ausgekocht, sondern der Wirkstoff in kaltem Wasser langsam extrahiert und pur verabreicht wurde. Diese Methode, so hörte er, wurde nur von Curanderos im Hochland von Peru benutzt.

In Ekuador, das er wegen Geldmangel auf dem strapaziösen Landweg

In Tingo Maria lehnte ein junger Wachsoldat an der Wand neben dem Eingang zur Comisaria und musterte ihn von oben bis unten. "Ahora viene", sagte er mit einem lüsternen Lächeln. Der Comandante war ein Mann in mittleren Jahren. Er hatte ein grobes dunkelhäutiges Gesicht und hellgraue Augen. Er gab ihm die Hand, dann setzte er sich an seinen Schreibtisch und sah sich Lee's Papiere an. Der Soldat setzte sich auf einen Stuhl und kippte ihn nach hinten an die Wand. Plötzlich sah der Comandante hoch. Im dunklen Büro mit dem dichten Blätterwald der tropischen Vegetation ringsum schienen seine Augen zu phosphoreszieren."Señor, Sie haben kein Gesundheitszeugnis und auch keine Sondererlaubnis zum Betreten dieses Gebietes hier . . ."

"Aber ich bin doch schon seit . . ." "Dann ist ihr Permiso abgelaufen, und Sie haben sich einer Übertretung schuldig gemacht. Sie müssen sofort in die Hauptstadt zurück." Er kehrte die Handflächen nach außen und sah Lee erwartungsvoll an. Der Soldat rieb sich den Hosenlatz. Er sah an sich herunter, machte das Koppelschloß auf, knöpfte sich den Hosenlatz auf. Sein Schwanz quoll träge heraus. Er war vorne weiß angelaufen und offenbar gefühllos geworden. Langsam wurde er steif. "Achtung!" bellte der Comandante. Der Junge sprang auf und stand stramm. Seine Hose rutschte ihm auf die Knöchel herunter. Er stand da, sein Körper glitzerte wie fettiges Kupfer in der Sonne, sein Schwanz pulsierte wie wild. "Ali hier wird Sie in unserem Kastenwagen nach Macoa fahren. Von da nehmen Sie dann den Bus zur Hauptstadt. Ich habe dort zufällig einen Bekannten, der sich als nützlich erweisen könnte . . ."

Dichter Urwald mit Riesenbäumen auf der einen Seite der Stadt, Berge mit schneebedeckten Gipfeln auf der anderen, und mitten durch die Stadt ein Flußlauf mit klarem Wasser.

Einige der Stelen sind umgestürzt und mit Kot und Abfall bedeckt. Ein riesiger Kopf, aus Stein gehauen, die Oberlippe wie von einer Krankheit zerfressen, liegt auf der Seite. Aus der Mitte des zerfallenen Platzes ragt ein Kalksteinpenis dreißig Meter in die Luft. Der Platz senkt sich am einen Ende ab und steht dort unter Wasser. Frösche quaken. Ein Kalksteinflöz wurde freigelegt, die Fläche glatt geschliffen und mit einem Bildermosaik bemalt. Carl betrachtet eine Bilderfolge, die verschiedene Stadien des Festes zu Ehren des Maisgottes festhält. Hier sieht man den jungen Maisgott, wie er von einem Priester gefickt wird, der als Kopfschmuck einen Hummerkopf mit Scheren trägt. Auf dem nächsten Bild wird der Maisgott an einem Baum aufgeknüpft und Maiskörner schießen aus seinem Penis. Hier wird er als Held gefeiert, weil er gerade einen riesigen Tausendfüßler erlegt hat. Auf dem vorletzten Bild stehen die Priester vor ihm und erwarten sein Urteil. Die letzte Szene zeigt den Aufstand der Arbeiter; sie legen die Stadt in Trümmer und verbrennen die Priester in ihren Tausendfüßler-Roben. Aus dem Schlitz des Penis, der aus zwei hohlen Hälften zusammengefügt ist, wabern Dampfschwaden hinauf zu den schneebedeckten Bergen. Eine Kalksteinhöhle unter dem Penis stellt den After dar. Die Öffnung ist kotverschmiert und überwuchert von Unkraut.

In der Ägyptischen Abteilung des Metropolitan Museum of Art, New York, 1953. (Allen Ginsberg)

hinter sich bringen mußte, holte er sich eine schwere Grippe, und als er Anfang Mai nach Lima kam, brauchte er einige Wochen, um eine Neuritis auszukurieren. Von Ginsberg erhielt er aus New York die Nachricht, daß JUNKIE im Taschenbuchverlag Ace Books erschienen war, und kurz danach traf ein Scheck ein – sein erstes Autorenhonorar.

Mitte Juni überquerte er mit dem Überlandbus wieder einmal die Anden und erreichte nach mehrtägiger Fahrt das rund 800 Kilometer östlich gelegene Pucallpa. Dort erlebte er einen Yage-Trip, der alle Erwartungen übertraf.

Das Erregende an den Halluzinationen war, daß sie nicht ein wirres Kaleidoskop, sondern ein Panorama von gestochen scharfen Bildern lieferten, die sich wie Szenen eines Films genau beschreiben ließen. In der künstlich herbeigeführten 'Sinnesverwirrung' war eine Struktur zu ahnen, die nichts Zufälliges zu haben schien. War es nicht das, was Rimbaud mit seiner Forderung nach einer systematischen Veränderung der sinnlichen Wahrnehmung meinte?

Wieder in Lima, verfaßte er anhand seiner Notizen einen ausführlichen Bericht für Allen Ginsberg. Es ist ein programmatischer Text, der sich als Vorschau auf künftige Themen seiner Romane lesen läßt.

"Yage", heißt es darin, "ist eine Reise durch Raum und Zeit. Das Zimmer vibriert wie ein Flugkörper. Durch deinen Körper filtern nacheinander Blut und Erbmasse vieler Rassen . . . neue Rassen, in ihrer Zusammensetzung noch unvorstellbar und noch nirgends im Ansatz zu erkennen, ganze Völkerwanderungen, unglaubliche Trecks durch Wüsten und Dschungel und Gebirge – Stasis und Tod in rundum eingeschlossenen Bergtälern, wo Pflanzen aus Genitalien sprießen und in den Körpern der Bewohner riesige Asseln heranwachsen, die schließlich die menschliche Hülle durchbrechen . . . Die City – eine Riesenstadt aus zahllosen Versatzstücken, in der sämtliche menschlichen Potentiale wie auf einem endlosen schweigenden Markt ausgebreitet sind . . ."

Seine Eltern waren inzwischen mit Billy nach Florida umgezogen, wo er sie im August in Palm Beach besuchte. Aber er spürte, daß seine Anwesenheit in dieser konservativen Umgebung eine Belastung für sie war und reiste Ende des Monats nach New York zu Allen Ginsberg.

Um seine Eltern zu schonen, hatte er JUNKIE unter dem Pseudonym "William Lee" veröffentlicht, und damit das Buch überhaupt erscheinen konnte, mußte er sich vom Verlag eine reißerische Aufmachung und den Untertitel "Bekenntnisse eines unbelehrbaren Rauschgiftsüchtigen" aufnötigen lassen. Da eine so ungeschminkte Darstellung der Drogensucht als äußerst heikel galt – die etablierten New Yorker Verlage hatten aus diesem Grund eine Veröffentlichung rundheraus abgelehnt – sicherte man sich bei Ace Books ab, indem man JUNKIE zusammen mit den Erlebnissen eines pensionierten Drogenfahnders als Doppelband herausbrachte – "sozusagen eine 69er-Packung" (Ginsberg).

Ein öffentliches Echo gab es nicht, denn Taschenbücher wurden nicht besprochen, aber kommerziell war diese merkwürdige Doppelpackung ein Erfolg: Am Jahresende 1953, wenige Monate nach Erscheinen, waren bereits 113.000 Exemplare verkauft. Für den Autor Burroughs war damit

Burroughs mit Jack Kerouac, New York,
1953. (Allen Ginsberg)

zunächst kein nennenswertes Einkommen verbunden. Der Ladenpreis betrug 35 Cents, und das bei Taschenbüchern ohnehin sehr niedrige Honorar mußte er sich auch noch mit dem ehemaligen Feind vom Federal Bureau of Narcotics teilen.

In Ginsbergs Wohnung in der East 7th Street gab es ein Wiedersehen mit Jack Kerouac, der mit seinem ersten, noch recht konventionellen Roman einen Achtungserfolg erzielt hatte und jetzt bei einem neuen, spontanen Schreibstil angelangt war, der es ihm erlaubte, Bücher in rasendem Tempo zu produzieren – ON THE ROAD in drei Wochen, THE SUBTERRANEANS in drei Tagen und Nächten –, nur daß er dafür keine Verleger finden konnte.

Die beiden Freunde stellten Burroughs ihre neueste Entdeckung vor, einen jungen Italo-Amerikaner mit krimineller Vergangenheit, der sich als poetisches Naturtalent entpuppt hatte: Gregory Corso. Doch interessanter als den dichtenden Ganoven fand Burroughs einen anderen Ginsberg-Bekannten, der im Dezember zu Besuch kam. Es war der hochgebildete schwule Altphilologe Alan Ansen aus Long Island, mit dem er sich auf Anhieb glänzend verstand. Ansen, zuletzt Sekretär des gefeierten Dichters W. H. Auden, hatte eine kleine Erbschaft gemacht und wollte sich jetzt in Italien umsehen. Auch den 39jährigen Burroughs hielt nichts mehr in einem Land, in dem die Hatz der Strafverfolger auf den kleinen Fixer von der Straße die gleichen hysterischen Züge angenommen hatte wie die Kommunistenjagd des berüchtigten Senators Joseph McCarthy und seines Ausschusses zur Untersuchung "unamerikanischer Umtriebe".

Er hatte die beiden ersten Romane seines in Marokko lebenden Kollegen Paul Bowles gelesen, deren Handlung in Fés und Tanger spielt. Marokko, fand er, klang nach einer lohnenden Alternative.

Mitte Dezember fuhr er auf dem griechischen Frachter Nea Hellas nach Rom, wo er sich für einige Tage mit Ansen traf. Dann nahm er den Zug nach Algeciras und setzte mit der Fähre nach Tanger über. Es war der Beginn eines zwanzigjährigen, selbstgewählten Exils.

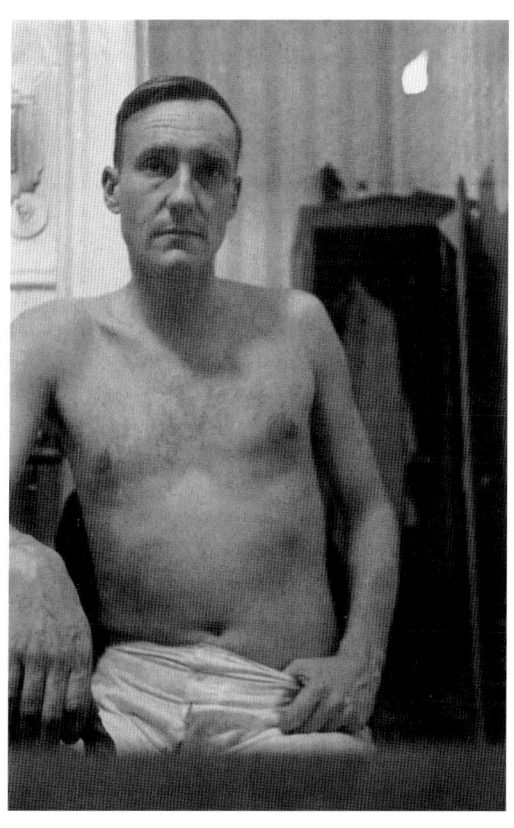

New York, 1953. (Allen Ginsberg)

Mit Ginsberg und Lucien Carr, vorne, in Ginsbergs Wohnung, Lower East Side, New York, 1953. (Ginsberg Deposit, Columbia-University)

EIN WIEDERSEHEN DER BEATS IN NEW YORK, HERBST 1953

Burroughs war 1947 aus New York verschwunden, weil ihm die Drogenfahnder auf der Spur waren. In den folgenden sechs Jahren hielt er sich in Texas, Louisiana, Mexiko und Südamerika auf. Im Herbst 1953, zurück aus dem Amazonasdschungel, traf er sich in New York mit seinen Freunden, für die er schon damals der "Ahnherr der Beat Generation" war.

Mit Allen Ginsberg (rechts oben) redigierte er seine Südamerika-Briefe für eine spätere Veröffentlichung (AUF DER SUCHE NACH YAGE). Sein erster Roman JUNKIE war vor wenigen Monaten durch Ginsbergs Vermittlung in einem New Yorker Verlag erschienen. Jack Kerouac (links oben) hatte gerade den Roman THE SUBTERRANEANS geschrieben und nach den wilden Autofahrten mit Neal Cassady (rechts, Mitte), die er in ON THE ROAD beschrieb, den Buddhismus entdeckt.

Von Herbert Huncke (links unten) war Burroughs Mitte der vierziger Jahre nicht nur in die New Yorker Unterwelt eingeführt, sondern auch mit Alfred Kinsey bekanntgemacht worden, der damals in den Stundenhotels rings um den Times Square Material für die erste große Untersuchung über das Sexualverhalten der Amerikaner sammelte.

nder Zwischenzeit hatte John
Clellon Holmes, ein Bekannter
Kerouacs, bereits einen Schlüssel-
oman über die vier Freunde
veröffentlicht (GO, 1952) und in
einem Artikel für die NEW YORK
TIMES den von Kerouac geprägten
Begriff "Beat Generation" erstmals
publik gemacht.

Fotografien: Allen Ginsberg. Seite 51,
ben: William Burroughs

EL HOMBRE INVISIBLE

1954 - 1960: TANGER UND PARIS

Das ehemalige Piratennest am äußersten nordwestlichen Zipfel von Afrika hatte für Burroughs nichts Pittoreskes, sondern einen rein praktischen Wert. Marokko stand unter französischer Verwaltung, und Tanger hatte einen Sonderstatus als Internationale Zone unter der Zuständigkeit von acht europäischen Nationen. Als Ausländer war man für die Polizei praktisch unantastbar, und solange man sein Konsulat nicht ernsthaft in Verlegenheit brachte, blieb man unbehelligt. In Tanger tummelten sich Schmuggler, Waffenschieber, Verbrecher auf der Flucht und gestrandete Existenzen aus aller Welt, doch die störten die öffentliche Ordnung weit weniger als die paar einheimischen Geisteskranken, von denen der eine oder andere bisweilen Amok lief. Als wirklich penetrant wurde nur die amerikanische Millionenerbin Barbara Hutton empfunden, die sich mitten in der Altstadt einen Prunkpalast hatte bauen lassen und dort mit ihren Freunden aus dem internationalen Jetset rauschende Feste feierte, zu denen sie als folkloristisches Dekor ganze Berberfamilien samt Kamelen und Zelten aus der Sahara herbeischaffen ließ.

Homosexualität und das Rauchen von Kif gehörten zur einheimischen Kultur wie der Ruf des Muezzin und das Glas Pfefferminztee in einem ver-räucherten Café im Souk, und harte Drogen gingen in den meisten Apotheken problemlos über den Ladentisch. Eine dieser Drogen war ein synthetisches Opiat namens Eukodal. Die deutsche Herstellerfirma hatte das Schmerzmittel wegen seiner unerwünschten euphorisierenden Wirkung vom Markt nehmen müssen, aber in Tanger gab es noch Rest-bestände. Burroughs bekam innerhalb kürzester Zeit seine schwerste Sucht seit Mexico City.

Von den 200 Dollar, die ihm seine Eltern noch immer regelmäßig schickten, hätte er hier bequem leben können. Ein komplettes Menü kostete auch in einem besseren Restaurant nicht mehr als einen Dollar, und für ein bescheidenes Hotelzimmer zahlte er fünfzig Cents pro Tag. Doch für das selten gewordene Eukodal verlangten die Apotheker einen drastischen Preis, und er brauchte alle vier Stunden einen Schuß. Seine Ernährung wurde sehr spartanisch, und an manchen Tagen reichte das knappe Geld nur noch für Brot und Tee. Als er im Juli 1954 an Gelenk-rheumatismus erkrankte und einen Arzt aufsuchte, brachte er gerade noch 62 Kilo auf die Waage.

Der stets korrekt gekleidete Fremde – dreiteiliger Anzug mit grauem Filz-hut – wurde zu einer schemenhaften Erscheinung, und für die spanischen Boys, die ihn gegen Bezahlung besuchten, war er bald nur noch *El Hombre Invisible*.

Zucken eines Blitzlichts in einem nassen Traum: Wasserturm, dunkelrotes Hemd, blaue Berge, Ziegen, Hütejunge mit Flöte. Ein ausgemergelter Araber, gelb am ganzen Körper, bricht wimmernd und stöhnend in meinen Armen zusammen . . . gebrochenes Nasenbein, Knorpel hellrot von Blut . . . Ein Würgen in der Kehle, Geier an einem purpurroten Himmel, dampfender Mist an den Stiefeln . . . der Comandante sieht aus wie eine weiße Schmetterlingspuppe in einer zerfledderten blauen Uniform . . . Straßen mit Kopfsteinpflaster aus Kalkstein, links und rechts riesige penisförmige Urnen aus schwarzem Stein . . . singende Bettler in einer langen Reihe, Schuhputzjungen schlagen mit ihren Kisten aufeinander ein, der Fischmarkt, streunende Katzen unter den Verkaufsständen . . . tätowierte Berberfrauen aus den Bergen, schwere Lasten von Holzkohle auf dem Rücken, ein abgerissener Araber mit Sonnenbrille schlürft Kaffee in einem Straßenrestaurant, halbwüchsige Araber tanzen Rock 'n' Roll im Coeur de Tanger, die Jukebox glitzert golden in den Strahlen der Sonne, Zypressen biegen sich im Wind, ein Junge in einem dunkelroten Hemd kommt die Steintreppe herunter, Blumenstände auf dem Markt, Araber holen Fischernetze ein, Hütejungen mit Flöte und Ziegen am Stadtrand, wo früher das Amerikanische Konsulat war . . .

Seite 52/53: Von links nach rechts: Orlovsky, Burroughs, Ansen, Corso, Bowles und Ginsberg im Garten des Hotels Villa Mouniriya, Tanger, 1961. (Ginsberg Archiv)

Als man die Leiche eines Deutschen fand, der an einer Überdosis gestorben war, wurde die Atmosphäre ausgesprochen frostig. In Dean's Bar, wo die meisten Ausländer verkehrten, sah sich Burroughs plötzlich von allen gemieden, und selbst Paul Bowles machte nach einer ersten flüchtigen Begegnung keinen Versuch, ihn wiederzusehen: Durch den Umgang mit einem Junkie fiel man jetzt unangenehm auf.

Burroughs verließ immer seltener sein Zimmer und existierte nur noch von einem Fix zum nächsten. Das einzige, was die Isolation der Sucht durchbrach, war ein intensiver Briefwechsel mit Kerouac, Ginsberg und Alan Ansen. Die Briefe an Ginsberg, oft zehn oder zwölf Seiten lang, weiteten sich aus zu einer Materialsammlung für einen Roman, den er "Interzone" nennen wollte: Tanger als Modell für einen fiktiven Stadtstaat, geprägt von Komplotten, Intrigen und hemmungsloser Macht- und Raffgier, bevölkert von degenerierten, kaum noch menschenähnlichen Gestalten.

Anfangs dachte er noch an einen Roman mit einer durchgehenden Handlung und bat Ginsberg um Vorschläge für das Redigieren und Zusammenstellen des Materials, doch bald fand er, daß ihn das zu sehr einengte. Seine Aufzeichnungen der Alpträume und Halluzinationen, die ihn in dem überreizten Zustand überfielen, wenn er wegen Geldknappheit seine Sucht reduzieren mußte, hätten sich in ein solches Format nicht integrieren lassen. Und erst recht nicht die Texte, in denen er wirklich abhob – seine ausufernden, frei assoziierten 'Routines', vergleichbar den waghalsigen Solos, die der Junkie-Satiriker Lenny Bruce bei Auftritten in amerikanischen Nachtklubs improvisierte.

"Es ist fast wie automatisches Schreiben", heißt es in einem Brief an Ginsberg, "hervorgebracht von einer fremden, feindseligen Wesenheit, die im Grunde sagt: 'Ich schreibe, was mir paßt.' Sobald ich mich zwingen will, das Material in irgendeine Form zu pressen, katapultiert mich die Anstrengung in eine Art Wahnsinn, so daß mir nur noch das extremste Zeug einfällt."

Manches geriet ihm tatsächlich so extrem, daß er es gleich wieder vernichtete, weil er es nicht einmal seinen engsten Freunden zumuten wollte. Das Jahr 1955 wurde ein einziger Abwehrkampf gegen die synthetische Droge, die längst keinen "Kick" mehr brachte und ihn nur noch demoralisierte. Im Herbst machte er in der einzigen Klinik, die Drogenabhängige aufnahm, eine mehrwöchige Reduktionskur, die ihm neuen Auftrieb gab. Aus San Francisco kam von Kerouac die aufregende Nachricht, daß Ginsberg bei einer öffentlichen Lesung sein langes Gedicht HOWL vorgetragen hatte und auf dem besten Wege war, eine Berühmtheit zu werden. Kerouac hatte auch einen überraschenden Titelvorschlag für den Interzone-Roman: "Naked Lunch".

Schon bald nach dem Klinikaufenthalt versank Burroughs wieder in Depressionen und wurde rückfällig. Plötzlich ging sein Konsum schlagartig in die Höhe: Vierzig, sechzig Gran (1 Gran = 4mg) am Tag, und es war noch immer nicht genug. Er spürte, daß er das Endstadium der Sucht erreicht hatte. Stundenlang starrte er nur noch seinen großen Zeh an, und den Fußboden bedeckten nicht Manuskriptseiten, sondern leere Ampullenschachteln.

Seine letzte Chance schien der englische Arzt John Dent zu sein, der in London gerade ein Buch mit dem Titel ANXIETY AND ITS TREATMENT veröffentlicht hatte, in dem er seine langjährige Erfahrung mit der Behandlung von Drogenabhängigen und Alkoholikern schilderte. Dr. Dent, Präsident der British Society for the Study of Addiction, war zu dem Ergebnis gelangt, daß Drogensucht im Prinzip eine Stoffwechselkrankheit wie Alkoholismus ist. Eine Reduktionskur allein konnte also keinen Erfolg haben. Heilung versprach nur ein Mittel, das regulierend auf den Stoffwechsel wirkt und die Zusammensetzung des Blutserums normalisiert. Dieses Mittel glaubte er in Apomorphin gefunden zu haben, einem Brechmittel, das sonst nur bei Vergiftungen angewandt wurde.

Es war nicht leicht, die Eltern im fernen Florida zu überzeugen, doch im April 1956 traf endlich ein Scheck über 500 Dollar ein, und Burroughs buchte den nächsten Flug nach London. Die ersten beiden Tage in Dr. Dents Privatklinik waren eine Tortur, aber schon am vierten Tag der Behandlung konnte er normal essen und schlafen, und als er zehn Tage später entlassen wurde, spürte er in jeder Faser seines Körpers, daß er vom lähmenden Zugriff des Junk befreit war. Nach zwölf Jahren Sucht, nach all den qualvollen, vergeblichen Versuchen, aus eigener Kraft oder mit fremder Hilfe davon loszukommen, hatte eine unscheinbare Substanz den großen Durchbruch gebracht.

Den Sommer verbrachte er bei Alan Ansen in Venedig, und im August bereiste er die nordafrikanischen Krisengebiete. In Libyen richtete man sich gerade auf eine kriegerische Auseinandersetzung mit Ägypten ein, und der amerikanische Botschafter ordnete an, daß sein Personal mit umgeschnallter Pistole zum Dienst zu erscheinen habe. In Algerien, wo die FLN den Kampf gegen die französische Kolonialmacht organisierte, kam es täglich zu Schießereien und Sprengstoffanschlägen. Eine Milchbar in Algier, die Burroughs zu einem kurzen Lunch aufsuchte, flog einige Tage später in die Luft. Auch Kinos waren bevorzugte Ziele und wurden deshalb kaum noch besucht. Burroughs gehörte zu den wenigen, die in jenen Wochen den Hollywood-Film SAAT DER GEWALT sahen. Ein gewisser Bill Haley hatte zu dem Streifen eine fetzige, lärmende Musik beigesteuert, die sich Rock 'n' Roll nannte und in Amerika offenbar als der letzte Schrei galt.

Im September war er wieder in Tanger. Paul Bowles, der sich jetzt für ihn interessierte, erlebte einen völlig verwandelten Burroughs – aufgeschlossen, witzig, unterhaltsam und voll unbändiger Energie:

"Er hauste in einem feuchten kleinen Raum des Hotels Villa Muniriya, den man nur durch den Garten erreichen konnte. Eine Wand war von den Einschlägen seiner Zielübungen zernarbt, eine andere war tapeziert mit Schnappschüssen von seinem Aufenthalt im Quellgebiet des Amazonas. In jener Zeit nahm er nur Kif, Majoun und Alkohol zu sich, allerdings in beachtlichen Mengen. Auf dem Tisch und darunter, auf dem Fußboden, herrschte ein chaotisches Durcheinander, doch es bestand ausschließlich aus Manuskriptseiten seines Romans NAKED LUNCH, an dem er ständig arbeitete."

Angeregt von der lokalen Spezialität Majoun, einer Haschischkonfitüre,

Burroughs-Portrait von Jack Kerouac, Tanger, 1957. (Ginsberg Archiv)

Mit Peter Orlovsky und Jack Kerouac am
Strand der Bucht von Tanger, 1957. (Allen
Ginsberg)

die er auf einem Spirituskocher selbst zubereitete, flogen Burroughs die
Einfälle und "Routines" nur so zu. Oft kam er auf der Schreibmaschine
kaum nach, und da er sich nicht damit aufhalten konnte, ob und wie die
Einzelteile des Puzzle zusammenpaßten, ließ er sich alle Optionen offen
und verzichtete auf Seitenzahlen. "Es trägt mich so weit hinaus, daß ich
eines Tages nicht mehr zurückkommen werde", schrieb er an Ginsberg.
"Wenn ich doch nur ein Tonbandgerät hätte. Dann könnte ich das Buch in
einem Monat fertig haben."
Ende Februar 1957 kam Kerouac für einige Wochen zu Besuch und bot
an, beim Ordnen und Abtippen des Materials zu helfen. Doch was er da
las, setzte ihm so zu, daß er Alpträume bekam. Als er im April wieder
abreiste, traf Ginsberg in Begleitung seines Liebhabers Orlovsky ein, und
kurz danach kam Alan Ansen aus Venedig herüber. Entschlossen nahmen
sie die Herausforderug des chaotischen Manuskripts an. Gemeinsam mit
Burroughs brachten sie die längeren, einigermaßen in sich geschlossenen
Teile auf die Reihe, und nach zwei Monaten hatten sie 200 ordentlich
getippte Seiten. Einen Durchschlag nahm Ginsberg mit und zeigte ihn in
den folgenden Monaten einigen Verlagslektoren in New York. Keiner wollte sich mit so etwas die Finger verbrennen. Ein Pornographie-Prozeß

wegen seines Gedichtbands HOWL, der im Verlag des Beat-Poeten Ferlinghetti in San Francisco erschienen war, hatte Ginsberg gerade zu heftig umstrittener Prominenz verholfen, und nun bot er hier ein Manuskript von derart obszönem Inhalt an, daß an eine Veröffentlichung überhaupt nicht zu denken war.

Burroughs schrieb unbeirrt weiter, aber er machte sich keine Illusionen. Alles deutete darauf hin, daß die Zeit für ein Buch wie NAKED LUNCH noch nicht reif war. Selbst bei Kerouacs ON THE ROAD hatte es sechs Jahre gedauert. Jetzt aber, im September 1957, war das Buch in New York erschienen und prompt auf der Bestsellerliste der NEW YORK TIMES gelandet. Kerouac, der nur einen Roman über seine Freunde hatte schreiben wollen, mußte sich nun damit herumplagen, daß er von den Massenmedien als Sprecher einer Generation von ungewaschenen, halbkriminellen 'Beatniks' dargestellt wurde.

Ende des Jahres bekam Burroughs von Ginsberg und Corso die Nachricht, daß sie in Paris ein kleines Hotel garni entdeckt hatten, in dem man nicht nur billig logierte, sondern auch erstaunliche Freiheiten genoß. Paris reizte ihn schon lange. Außerdem wollte er gerne in der Nähe seines treuen Freundes und Agenten Ginsberg sein. Die Rohfassung von NAKED LUNCH war abgeschlossen, und das Manuskript, das er in seinen Koffer packte, hatte jetzt einen Umfang von annähernd tausend Seiten.

Mit einem spanischen Freund auf der Terrasse eines Cafés in Tanger, 1955. (Ginsberg Archiv)

PARIS, 1958-1960

Das 'Beat Hotel', wie es von Eingeweihten genannt wurde, lag in der Nähe der Place St. Michel und gehörte zur untersten Kategorie, doch seine Besitzerin, die alte weißhaarige Witwe Rachou, hatte die Adresse in der Rue GÎt-le-Coeur rasch zu einem Geheimtip werden lassen. Als junges Mädchen war sie Küchenhilfe in einem Landgasthaus in Giverny gewesen, das die beiden großen französischen Impressionisten Monet und Pisarro zu seinen Stammgästen zählte, und im hohen Alter hatte sie sich nun ihre eigene Künstlerkolonie zugelegt: Junge Maler aus Holland und Amerika, Fotomodelle aus Schweden und Finnland, englische Schauspielschüler, kanadische Fotojournalisten, amerikanische Dichter und Schriftsteller. Jeder ihrer Dauergäste konnte sein Zimmer nach eigenem Belieben einrichten, das phantasievolle Bemalen von Wänden und Türen wurde geradezu erwartet, und die exotische Duftnote des Treppenhauses verriet, daß man in den Zimmern auch kochen und kiffen durfte.

In einer winzigen Mansarde unter dem Dach schrieb Gregory Corso an einem langen Gedicht über die H-Bombe, und ein arabischer Heroindealer, der die Pilgerfahrt nach Mekka gemacht hatte und deshalb "Der Hadsch" hieß, versorgte einige Gäste, die an der Nadel hingen und unter Pseudonym erotische Romane für den Verleger Maurice Girodias schrieben. Im Hinterzimmer des kleinen Cafés im Erdgeschoß gab Madame Rachou in regelmäßigen Abständen ein Mittagessen für die Polizei-Inspektoren des Viertels und sorgte dafür, daß ihre Gäste von Kontrollen und Razzien verschont blieben.

Als Burroughs ins Hotel einzog, wo ihm Ginsberg das Zimmer 15 besorgt hatte – bei Madame Rachou kam man nur mit einer soliden Empfehlung durch die Tür –, wurde er sofort belagert von jungen amerikanischen Trampern, die ihn in Kerouacs ON THE ROAD als legendäre graue Eminenz der Beat Generation kennengelernt hatten. Diese Aufmerksamkeit wurde ihm bald zuviel. Schon nach wenigen Wochen war er für niemanden mehr zu sprechen. Er litt an einer Neuralgie, und dagegen gab es für ihn nur ein Mittel: Heroin. Die drei Röhrchen Apomorphin, die er bei Dr. Dent in London mitgenommen hatte, gaben ihm die Gewißheit, daß er eine erneute Sucht jederzeit wieder beenden konnte.

Im Herbst 1958 erschien durch Ginsbergs Vermittlung ein kurzer Auszug aus NAKED LUNCH in der CHICAGO REVIEW. Die studentischen Redakteure der Literaturzeitschrift, die von der University of Chicago finanziert und beaufsichtigt wurde, waren begeistert von diesem neuen Autor und wollten in ihrer nächste Nummer ein Zeichen setzen – Schwerpunkt des Hefts sollten zehn Episoden aus NAKED LUNCH sein. Der Fakultätsbeirat der Zeitschrift fand die Burroughs-Texte empörend, und das Aufsichtsgremium unter Vorsitz des Rektors verbot die Veröffentlichung. Die Mehrheit der Redakteure trat aus Protest zurück und beschloß, ein eigenes Magazin zu gründen, das BIG TABLE heißen sollte. Auf der Titelseite sollte der werbende Hinweis stehen: "Die vollständigen Beiträge der unterdrückten Ausgabe von CHICAGO REVIEW."

Im Beat Hotel freundete sich Burroughs mit dem amerikanische Maler

Paris, 1959. (Brion Gysin/Calder Archiv)

Am Quai des Grands Augustins, Paris, 1959. (Archiv Robert H. Jackson)

und Schriftsteller Brion Gysin an. Die beiden kannten sich flüchtig aus Tanger, wo Gysin ein Spezialitätenrestaurant namens "1001 Nacht" betrieben hatte. Im Gegensatz zu Burroughs und Paul Bowles hatte er sich ganz auf die marokkanische Kultur und Lebensweise eingelassen und sogar Zugang zu einem Clan von Trancemusikern im Rif-Gebirge gefunden. Er hatte dreiundzwanzig Jahre in Marokko gelebt und die Erfahrung gemacht, daß es für die meisten Einheimischen selbstverständlich war, irgendeine Form von Magie zu praktizieren. Daß er sein Restaurant, wie er glaubte, durch Schwarze Magie seiner marokkanischen Angestellten verloren hatte, war für ihn ein normales Berufsrisiko in einem solchen Land. Er war ein begnadeter Geschichtenerzähler, verfügte über ein unerschöpfliches esoterisches Wissen und hatte zu allem eine eigene Theorie. Burroughs, der sich schon lange für Parapsychologie und Okkultismus interessierte und an ein magisches Universum glaubte, in dem nichts durch Zufall geschieht, fand in Gysin einen Wesensverwandten und wichtigen Anreger.

Mit Brion Gysin vor dem Beat Hotel, Paris, 1960. (Barry Miles Collection)

Mit dem Verleger Maurice Girodias nach dem Erscheinen von NAKED LUNCH, Rue Gît-le-Coeur, Paris, 1959. (Brion Gysin/Barry Miles Collection)

BIG TABLE Nr. 1 erschien im März 1959. Die Kontrolleure im Hauptpostamt von Chicago erkannten auf unzulässigen "Vertrieb von obszönem Schriftgut auf dem Postwege" und beschlagnahmten einige hundert Exemplare. Die doppelte Zensur, erst durch die Universität und jetzt durch die Postverwaltung, erregte Aufsehen, und als ein Bundesrichter die Beschlagnahmeaktion überraschend für verfassungswidrig erklärte, war für Schlagzeilen gesorgt. Von BIG TABLE wurden 10 000 Stück verkauft. Burroughs war im Gespräch, und in der Rue St. Séverin in Paris witterte Maurice Girodias ein Geschäft. In seinem Verlag Olympia Press veröffentlichte er nicht nur Pornos, sondern auch literarische Schwergewichte, die anderen Verlegern zu problematisch waren: Samuel Beckett, J.P. Donleavy, Vladimir Nabokov. Den bisher größten Erfolg hatte er mit Nabokovs LOLITA erzielt. Eine amerikanische Lizenzausgabe im Großverlag Putnam hatte Pasternaks DOKTOR SCHIWAGO von den Bestsellerlisten verdrängt und Girodias einige hunderttausend Dollar eingebracht. Burroughs, von dem ihm Ginsberg schon im vergangenen Jahr vorgeschwärmt hatte, schien ein idealer Autor für ihn zu sein, da er Texte schrieb, die zugleich gepfeffert und literarisch anspruchsvoll waren. Durch seinen Lektor Sinclair Beiles ließ er dem Autor mitteilen, er sei an NAKED LUNCH interessiert und erwarte innerhalb von zehn Tagen ein druckreifes Manuskript.

Burroughs, unterstützt von Gysin und Beiles, schaffte den Termin, und zwei Wochen später kam das Buch in einer Erstauflage von 10 000 Exemplaren heraus. In rascher Folge wurden Übersetzungsrechte nach Deutschland und Italien verkauft, und in Paris erwarb der Verlag Gallimard die Rechte für eine französische Ausgabe. Doch Girodias und sein Autor richteten ihre größten Hoffnungen auf zwei Verleger in London und New York, die sich Lizenzen für NAKED LUNCH sicherten und entschlossen waren, das Buch gegen die Zensur in ihren Ländern durchzusetzen.

Das Neue an NAKED LUNCH, lange Zeit als skandalös empfunden, war die radikale Aufdeckung tabuisierter Obsessionen, gepaart mit einer literarischen Leistung von unbestreitbarem Rang. Das Grundschema von NAKED LUNCH ist JUNKIE als Fiktion, aber auch als hellsichtig halluzinierte zweite Wirklichkeit. In dem nüchternen Report von JUNKIE verrät der Erzähler William Lee von seinem Innenleben so gut wie nichts, in NAKED LUNCH breitet er es mit geradezu hemmungsloser Vehemenz aus. Für Kerouac hatte Burroughs sein Vorhaben auf die knappe Formel gebracht: Er werde seine grellsten Phantasien und schlimmsten Zwangsvorstellungen schreibend abreagieren, damit sie ihm nicht mehr zusetzen konnten. In der Endfassung des Buchs wird das, was als private Strategie der Befreiung begann, zu einem ätzenden Traktat über eine Menschheit in sklavischer Abhängigkeit von den Drogen Macht, Geld, Sex, Religion, Gewalt.

Für Ende September sagten sich bei Burroughs ein Reporter und ein Fotograf der Illustrierten LIFE an. Er war im Begriff, ein anerkannter Autor zu werden und wollte sich nun eine Sucht nicht länger leisten. Die Apomorphinkur war allerdings ohne einen zuverlässigen und aus-

Ein dichtes zähes Medium bremste seine Bewegungen. Langsam, wie in Zeitlupe, verebbten die Worte in seinem Kopf und schwebten in trägen grauen Wellen davon. Die Umrisse seines Körpers verschwammen und lösten sich auf, und plötzlich fühlte er sich schwerelos und frei. Wie aus großer Höhe sah er seinen nackten jugendlichen Körper in einer halb dunklen Mansarde vor einem Waschtisch stehen, wortlos, ein taubes Gefühl im Kopf, als sei er in einem Stummfilm gelandet, er stand da und hielt einen Krug heißes Wasser in der Hand, der Krug schien kupferrot lasiert zu sein, doch das war eine Täuschung, es gab keine Farben in dieser Welt, es gab nur Hell und Dunkel. Ein Schnitt, und eine neue Einstellung erschien - der Golfplatz, von ferne wehte Musik herüber, er arbeitete hier offenbar als Golfjunge, suchte unten am Teich nach verlorenen Bällen, die Musik kam aus dem Klubhaus, ein Geflimmer von Glühwürmchen in der Luft . . . jetzt das Zimmer über dem Blumenladen am späten Abend, der nackte Junge im Halbdunkel, das matte silberne Schimmern seines Hinterns, das traurige Gefühl, als er ihn verstohlen streichelte . . . Toilette in einem Haus am Stadtrand, der warme Proteingeruch des Samens . . . der Film ruckelt jetzt, bleibt stehen, eine Serie von Standaufnahmen, Familienporträts bis zurück ins Jahr 1870, die Straßen von Paris, der Ton setzt wieder ein, doch jetzt in einer anderen Sprache . . . die Worte kamen nur noch, wenn er es wollte . . . er konnte sie nach Belieben abstellen . . .

dauernden Beistand nicht zu schaffen, denn sie erforderte rund um die Uhr alle zwei Stunden eine Injektion. Ian Sommerville, ein englischer Mathematikstudent, den er in der Buchhandlung Mistral kennengelernt hatte, nahm es auf sich, ihm durch die schwierigen zwei Wochen zu helfen, und wurde sein Liebhaber.

Am 1. Oktober machte Brion Gysin eine folgenreiche Entdeckung. Er schnitt auf seinem Arbeitstisch einen Passepartout zurecht, und die Zeitungsseiten, die er als Unterlage benutzte, zerfielen dabei in Streifen. Als er die Streifen in willkürlicher Anordnung auf einen Karton klebte und spaßeshalber versuchte, sie als 'intakte' Seite zu lesen, erlebte er einen eigenartigen Effekt: Es kamen durchaus vollständige Sätze zustande, die teils erheiternden Nonsens enthielten, teils aber auch einen geheimnisvoll verschlüsselten Sinn zu haben schienen. Er holte Burroughs aus seinem Zimmer und las ihm einiges vor:

"Es scheint jedoch festzustehen, daß Mr. Eisenhower sagte 'Ich wiege 25 Kilo weniger als ein Mensch'//Er errötete und nickte knapp//Er rühmte sich zahlreicher Verbrechen und der Gipfel war, daß er jeden, der ihm in den Weg kam, in einer totalen Sonnenfinsternis verschwinden ließ, während er ihre Wohnung renovierte."

Erst vor kurzem hatte er zu Burroughs gesagt, die Literatur habe gegenüber der Malerei einen Rückstand von fünfzig Jahren aufzuholen, und hier gab es nun eine Möglichkeit, der Literaur auf die Sprünge zu helfen und ihr die Technik der Collage zu erschließen.

Burroughs sah sofort, daß die "Cutup"-Methode nicht nur ideal für die Herstellung von Kollektivtexten war, sondern auch für die Wiedergabe alogischer Vorgänge und gleichzeitiger Ereignisse, die einem in Träumen wie im Alltag ständig begegnen. Abgesehen davon war Cut-up natürlich auch als rein poetisches Verfahren zur Erzeugung ungewöhnlicher Bilder einsetzbar, und auf diesem Gebiet hatte es zahlreiche Vorläufer: Bei den Dadaisten und Surrealisten; in dem Gesellschaftsspiel der 'cross-column readings', das um 1770 in England aufkam; in der 'ars combinatoria' der europäischen Manieristen, die im 16. und 17. Jahrhundert mit Kombinationstabellen etwas erzeugten, das die Literaturwissenschaft 'Oppositionsmetaphern' nennt. Im Grunde läßt sich das Verfahren zurückverfolgen bis zu den Kettengedichten, mit denen sich die höfische Gesellschaft Japans schon im 7. Jahrhundert amüsierte.

In die Zimmer 15 und 25 des Beat Hotels zog jetzt eine verschwörerische Atmosphäre ein. Literarische Texte von lebenden und toten Autoren, Briefe von Freunden, Zeitungsmeldungen und Werbetexte wurden zerlegt und zusammengemixt, und als man auch mit Tonband zu arbeiten begann, hörte es sich an, als würden bei Burroughs und Gysin spiritistische Sitzungen abgehalten: Auf Tonbandgeräten, die auf Wiedergabe geschaltet waren, wurden die Bänder bei gedrückter Stop-Taste von Hand über den Tonkopf gezogen, so daß auf einmal Laute und Wörter zu hören waren, die man gar nicht auf Band gesprochen hatte. Es war, als würde ein Virus das Wortmaterial von Mutation zu Mutation treiben, und Burroughs fand es durchaus naheliegend, in seinen ersten Textmontagen einen Bericht über den Stand der Virusforschung zu verwenden.

Vor der Marktbude eines Astrologen auf
einem Flohmarkt in Paris, 1962. (Charles
Henri Ford)

Paris, 1960. (Nicolas Tikhomiroff/Archiv
Robert H. Jackson)

Der Forscherdrang der Cutup-Verschwörer stieß in eine weitere Dimension vor, als Gysin und Sommerville den Prototyp einer "Traum-Maschine" entwickelten. Ein von Gysin auf der Innenseite mit farbigen Kalligraphien bemalter Pappzylinder wurde mit mehreren Reihen von Schlitzen versehen, deren Abstände sich von oben nach unten verringerten. Er rotierte auf einem Plattenteller mit 78 Umdrehungen pro Minute, und da innen auf halber Höhe eine Glühbirne hing, entstand ein stroboskopischer Effekt. Man bewegte den Kopf mit geschlossenen Augen von oben nach unten, bis die Lichtblitze auf die Frequenz der Alpha-Hirnwellen einrasteten, und wenn man richtig eingestimmt war, ging man in diesem Augenblick "auf Trip". Gysin nannte es das erste Kunstwerk, das man nur mit geschlossenen Augen erfassen kann. Für Burroughs war es, genau wie Cut-up, eine Möglichkeit der Bewußtseinserweiterung ohne den Umweg über chemische Substanzen.

Corso und Beiles ließen sich vom Cutup-Fieber anstecken und steuerten eigene Ergebnisse bei, als Burroughs und Gysin Anfang 1960 beschlossen, ein Manifest mit Textbeispielen zu veröffentlichen. MINUTES TO GO wurde von einem Kleinverlag in Paris herausgebracht, und der English Bookshop in der Rue de Seine dekorierte sein ganzes Schaufenster mit Exemplaren der Broschüre.

Ian Sommerville ging zurück an die Universität Cambridge, um sein Studium fortzusetzen. Burroughs, der in dem jungen Mann nicht nur einen Liebhaber, sondern auch einen ideenreichen technischen Berater gefunden hatte, entschloß sich zu einem Umzug nach London, um in seiner Nähe zu sein.

Mit Ian Sommerville, Paris, 1959.
(Burroughs Archiv)

Burroughs in seinem Zimmer im Beat
Hotel, Paris, 1959. Die Ablagekörbe hatte
ihm Brion Gysin geschenkt, damit er die
verschiedenen Stadien seiner Textmontagen auseinanderhalten konnte. (Harold
Chapman)

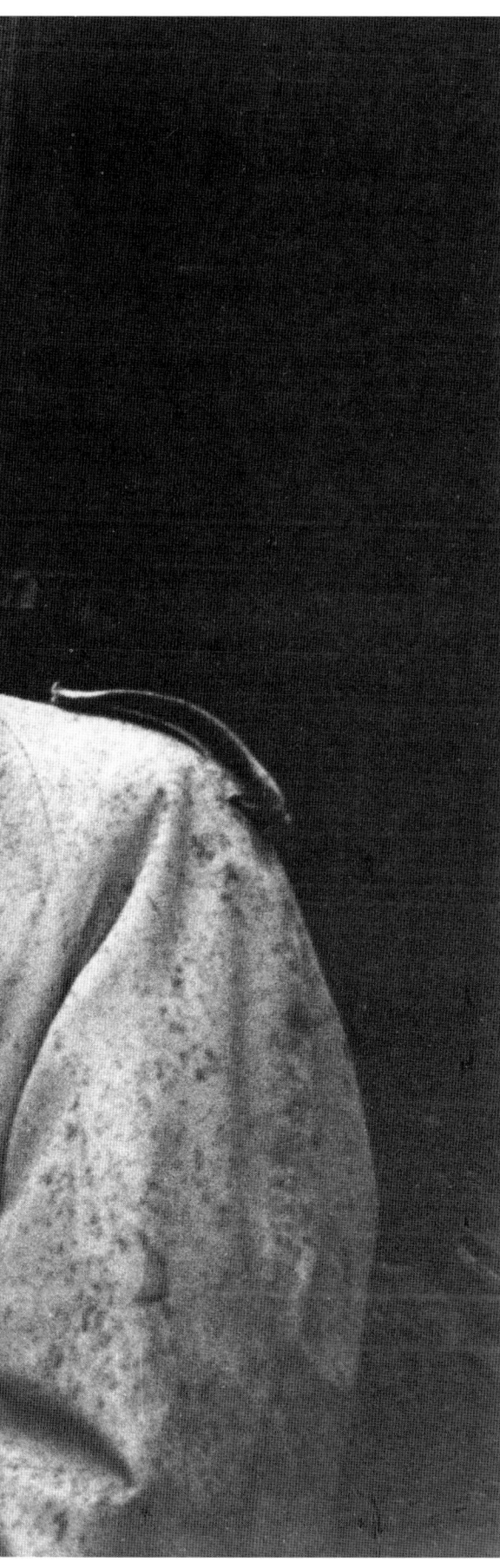

CUT-UP

1960 - 1973: DIE LONDONER JAHRE

Im April nahm er sich ein Zimmer im Empress Hotel und arbeitete von früh bis spät an seinem nächsten Projekt. Von dem Tanger-Manuskript hatte er noch rund 700 Seiten übrig, und die wollte er nun einem systematischen Cutup-Verfahren unterziehen und zu zwei Romanen komprimieren. Für den ersten wählte er den Titel THE SOFT MACHINE.

Ein Kleinverlag in San Francisco brachte unter dem Titel EXTERMINATOR! eine Sammlung Textmontagen und Permutationen von Burroughs und Gysin heraus, doch der schmale Band lag wie Blei in den Regalen der Buchhandlungen. Selbst bei guten Freunden wie Bowles und Ansen stieß Burroughs mit seiner "neuen Masche"(Bowles) auf Unverständnis. Auch Ginsberg hatte Probleme mit dieser radikal ganzheitlichen Kompositionsmethode seines Freundes Bill, und noch zwei Jahre später notierte er während eines Indien-Aufenthalts in sein Tagebuch: "Ich sollte Burroughs schreiben, daß ich immer noch innerlich gelähmt bin von den Cut-ups." Burroughs blieb unbeirrt. Für ihn kam bei den Montagetexten völlig verständliche Prosa heraus, und er war überzeugt, daß ihm die Leser auf seiner Entdeckungsfahrt folgen würden.

Im Januar 1961 lud ihn der Harvard-Professor Timothy Leary zur Teilnahme an einer großangelegten Erprobung bewußtseinserweiternder Drogen ein und schickte ihm eine Anzahl Pillen. Leary hatte einen Dreistufenplan: Erst die führenden Köpfe der Gegenkultur antörnen, dann die Politiker und Militärs, und dann würden Liebe und Friedfertigkeit massenhaft ausbrechen.

Inzwischen stapelten sich in einem New Yorker Lagerhaus 10 000 Exemplare der amerikanischen Ausgabe von NAKED LUNCH, die nicht ausgeliefert werden konnten, weil der Verlag Grove Press wegen Henry Millers WENDEKREIS DES KREBSES in Schwierigkeiten war. Verleger Barney Rossett hatte allen Grossisten und Buchhändlern für den Fall einer Anklage die Übernahme sämtliche Verfahrenskosten garantieren müssen. Jetzt war es soweit: Gegen Buchhändler, die den Miller-Roman im Angebot hatten, wurden im ganzen Land Verfahren eingeleitet, und der Verlag sah gigantische Kosten auf sich zukommen. Es war undenkbar, in dieser Situation auch noch ein so heikles Buch wie NAKED LUNCH auf den Markt zu bringen.

Burroughs, der von vornherein mit Problemen gerechnet hatte, nahm es gelassen. Im April reiste er nach Tanger, wo er die Sommermonate verbringen wollte, und bekam wieder sein altes Zimmer im Hotel Muniriya.

Ginsberg, Ansen und Corso trafen ein, gefolgt von Ian Sommerville und dem 17jährigen Michael Portman aus London, der schwul, drogenabhängig und steinreich war und Burroughs schon seit Monaten beharrlich auf Schritt und Tritt folgte. Nur Kerouac fehlte – er mußte wegen einer Vaterschaftsklage in New York bleiben.

Als Leary im August mit seinen Psilocybin-Pillen aus Amerika herüberkam, wurde es ein psychedelischer Sommer. Bis auf Paul Bowles beteiligten sich alle an dem Experiment. Burroughs erlebte einen derart

"Und lassen Sie mich diese Gelegenheit benutzen, um meinen kleinkarierten Gegnern einiges zu antworten. Es ist nicht wahr, daß ich die menschliche Spezies hasse. Was ich empfinde, ist nicht Haß. Wenn ich in eurem verbalen Müll herumstochere und mir das Wort heraussuche, das der Sache am nächsten kommt, dann ist es 'Ekel'. Ich bin aber darauf angewiesen, in und von menschlichen Körpern zu leben. Eine unerträgliche Situation, wie Sie mir sicher zugeben werden. Damit Sie das besser nachempfinden können, will ich Ihnen einmal schildern, wie die Situation analog für Sie aussehen könnte. Angenommen, Sie müssen notlanden auf einem Planeten, der nur von Insekten bevölkert ist. Sie sind blind, und Sie sind drogensüchtig. Es gelingt Ihnen, die Insekten dazu zu bringen, daß sie Ihnen Junk liefern. Das geht aber nur durch direkte Zufuhr, d. h. durch körperlichen Kontakt. Selbst nach Tausenden von Jahren werden Sie immer noch den gleichen elementaren Ekel vor Ihren Insekten-Lieferanten empfinden. Bei jeder Berührung wird Ihnen schlecht. Genauso ergeht es mir mit meinen menschlichen Wirtskörpern. Deshalb kenne ich seit meiner Ankunft hier vor schätzungsweise 500 000 Jahren nur einen einzigen Gedanken. Was Sie die Geschichte der Menschheit nennen, ist die Geschichte meines Fluchtplans. Ich will nicht eure 'Liebe'. Ich will nicht eure Gnade. Ich will nichts als raus hier."

Hotel Villa Mouniriya, Tanger, 1961. An der Seitenwand des Schranks ein erster kalligraphischer Versuch in der Manier von Brion Gysin. (Allen Ginsberg)

Seite 66/67: Mit Brion Gysin in London, 1972. (Charles Gatewood)

grauenhaften Trip, daß er dringend zur Vorsicht riet, doch alle anderen sprachen von einem überwältigenden kosmischen Erlebnis, und sogar der nüchterne, skeptische Ian Sommerville zeigte sich begeistert. Leary konnte zufrieden wieder abreisen. Als nächstes wollte er John F. Kennedy die Chance geben, direkt mit Gott zu kommunizieren.

Bei Olympia Press in Paris erschien THE SOFT MACHINE, der erste von zwei Cutup-Romanen, in denen Burroughs sein autobiographisches Material mit der neuen Schreibtechnik in ungewohnte Dimensionen katapultiert und wie mit der Fernbedienung eines TV-Gerätes zwischen Außen- und Innenwelt, Erde und interstellarem Raum hin und her zappt. Es geht, unter anderem, um den Krieg zwischen den Geschlechtern und das biologische Umprogrammieren der "weichen Maschine" Mensch nach ebenso magischen wie strapaziösen Verfahren, die an die Opferrituale der Mayas und die Initiationsriten mancher Indianerstämme erinnern. Burroughs praktizierte hier zum erstenmal die konsequente Vermischung von Genres, die für seine weiteren Romane typisch werden sollte: Detektivgeschichte und Science-Fiction-Story, Autobiographie und anthropologischer Forschungsbericht, Agententhriller, Abenteuerroman und wissenschaftliches Traktat.

In den USA ging Grove Press im Fall Henry Miller durch sämtliche Instanzen und bekam eine positive Entscheidung des Obersten Bundesgerichts in Washington. Jetzt schien in Amerika auch für NAKED LUNCH der Weg frei zu sein.

In England, wo noch strikte Zensur herrschte, beschloß der Verleger John Calder, das Terrain vorzubereiten, indem er im August 1962 im Rahmen des Edinburgh-Festivals einen internationalen Schriftstellerkongreß organisierte. Burroughs hielt einen kurzen Vortrag über Zensur als Kontrollinstrument von Kirche und Staat, und Norman Mailer konterte mit dem abenteuerlichen Einwand, zuviel Freizügigkeit in Sachen Sex lähme den Wehrwillen einer Nation. Mary McCarthy verblüffte im überfüllten Auditorium Maximum der Universität Edinburgh Kollegen und Publikum mit der Feststellung, Burroughs und Nabokov seien die einzigen Autoren, die sie im Augenblick interessant finde, weil sie etwas wirklich Neues versuchten. Zum Eklat kam es, als Burroughs in einem knappen, nüchternen Statement sein Montageverfahren vorstellte und die Gattung Roman für hinfällig erklärte, falls die Autoren nicht neue Techniken entwickelten, um Anschluß an das Zeitalter der Raumfahrt zu finden. Im Nu waren seine Äußerungen Tagesgespräch, und Zeitungen im ganzen Land berichteten darüber. Selbst die NEW YORK TIMES widmete ihm einen Artikel.

Sein New Yorker Verleger nutzte die Publicity, erhöhte die Erstauflage von NAKED LUNCH und begann im November mit der Auslieferung. Schon im ersten Monat wurden mehr als 8000 Exemplare verkauft. In England brachte John Calder den Roman Anfang 1963 heraus und stieß damit auf allgemeine Empörung, jedoch wider Erwarten nicht auf gerichtlichen Widerstand.

Fast gleichzeitig wurde ein Buchhändler in Boston, Massachusetts, wegen NAKED LUNCH verhaftet. Um eine Grundsatzentscheidung zu bekommen, nutzte der Verlag Grove Press eine Besonderheit des amerikanischen Rechtssystems und beantragte ein Verfahren gegen das Buch selbst. Am 23. März 1965 kam die Entscheidung: das Buch wurde verboten. Der Verlag legte Berufung ein, und am 7. Juli 1966 wurde das Urteil der Erstinstanz vom Obersten Gerichtshof des Staates Massachusetts kassiert. Das Datum markierte das vorläufige Ende der literarischen Zensur in den USA.

In dem zweiten Cutup-Roman, THE TICKET THAT EXPLODED (Paris 1962), war die Zersplitterung des Texts noch radikaler als beim ersten, und selbst Brion Gysin hielt dem Freund jetzt vor, daß er seinen Lesern zuviel zumute. Doch Burroughs war nicht mehr zu bremsen.

Nach der Rückkehr aus Edinburgh lernte er in London den jungen Filmemacher Anthony Balch kennen, mit dem er in den folgenden Jahren zwei experimentelle Kurzfilme produzierte – TOWERS OPEN FIRE (1963) und THE CUT-UPS (1965). Ian Sommerville machte die Bekanntschaft der Beatles und bekam von Paul McCartney ein professionelles Tonstudio zur Verfügung gestellt, so daß die Experimente mit Wort und Bild auf technisch bestem Niveau fortgesetzt werden konnten.

Im Juni 1963 reiste Burroughs mit Ian Sommerville und Michael Portman

Tanger, 1961. (Ian Sommerville/Archiv Robert H. Jackson)

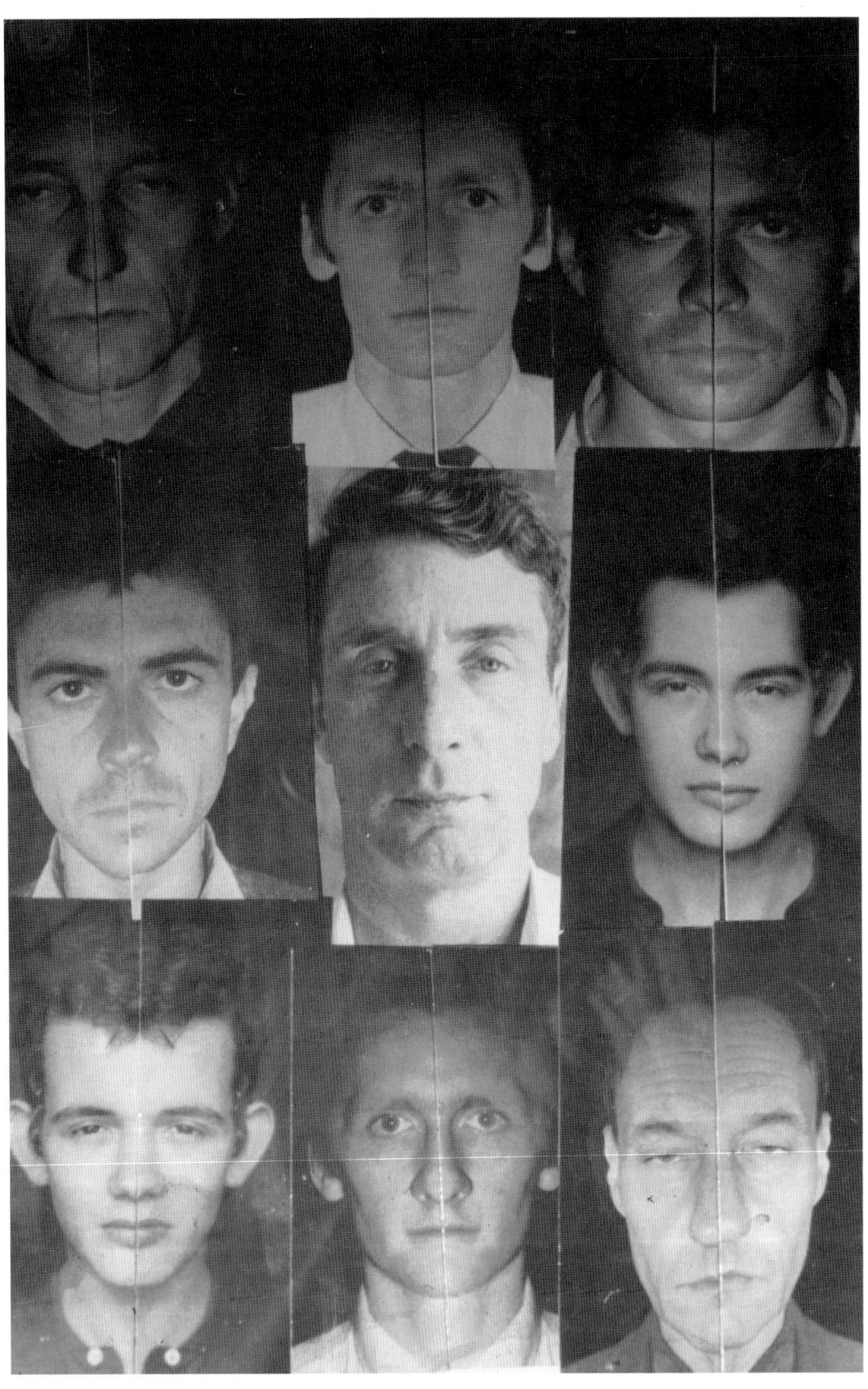

Zwei Plakatwand-Montagen von
Burroughs und Gysin mit Standfotos aus
den Kurzfilmen TOWERS OPEN FIRE und
THE CUT-UPS. (Archiv Robert H. Jackson)

Burroughs-Fotocollage, ca. 1965: Brion
Gysin, Mitte; Ian Sommerville, Mitte oben
und unten. (Archiv Robert H. Jackson)

nach Tanger, wo er sich mit Brion Gysin traf. Aus Palm Beach ließ er
seinen 16jährigen Sohn kommen, der es bei den Großeltern nicht mehr
aushielt. Billy sollte in Tanger die amerikanische Schule besuchen, die
vom Sohn des Dichters Ezra Pound geleitet wurde. Als im Herbst das
Schuljahr begann, brach er den Versuch schon nach drei Tagen wieder ab.
Er war die ganze Zeit mürrisch und lustlos und konnte dem exotischen
Tanger so wenig abgewinnen wie dem homosexuellen Haushalt, in dem
er lebte. Das Verhältnis zwischen Vater und Sohn war unrettbar belastet
durch die Unglückstat von Mexico City, und nach einem halben Jahr gab
Burroughs seine Bemühungen entmutigt auf. Billy kehrte zu den Großeltern nach Florida zurück.
Der Roman NOVA EXPRESS (New York 1964) führte die Cutup-Methode in
rigoroser Vollendung vor und wirkte auf den ersten Blick wie ein chaotisches Konglomerat von Science-Fiction-Elementen. NAKED LUNCH und
selbst SOFT MACHINE und TICKET hatten unvoreingenommene Rezensenten,

London, 1968. (Horst Tappe)

die nicht einfach aus moralischer Empörung argumentieren wollten, noch als Kritik an der westlichen Gesellschaft deuten können. Jetzt war ihnen auch diese Möglichkeit genommen. Das Autobiographische war nur noch als Spurenelement vorhanden, und der Text wurde auf vertrackte Weise technisch und didaktisch zugleich. Es sollte mehr als zwanzig Jahre dauern, bis französische und amerikanische Literaturwissenschaftler zu der Feststellung gelangten, Burroughs habe in seinen drei Cutup-Romanen bereits wesentliche Teile der Theorien von Strukturalismus und Poststrukturalismus vorgedacht und praktiziert.

Das verwirrende Themenspektrum von NOVA EXPRESS reicht von den Maximen eines schiitischen Sektenführers aus dem 11. Jahrhundert und den Praktiken der Church of Scientology bis zu Wilhelm Reichs Orgontheorie und Anspielungen auf das erschreckende Milgram-Experiment an der Universität Yale, das 1960 den Beweis erbracht hatte, daß selbst mit einer fadenscheinigen pseudowissenschaftlichen Begründung praktisch jeder dazu gebracht werden kann, einen Mitmenschen anhaltend und brutal zu quälen. Doch im Vordergrund stehen die beherrschenden Interessen des Autors in jenen Jahren: Sprachtheorie, Verhaltenssteuerung, Gedankenkontrolle, Virus als ominöser Organismus an der Grenze zwischen lebender und toter Materie und Virus als Metapher für die Wirkungsweise von Sprache.

An einer zentralen Stelle des Romans zieht eine außerirdische "Virus-Macht" das folgende Resümee ihrer Absichten in bezug auf den Planeten Erde:

"Wir haben unser Bild nach einem Code verschlüsselt. Dieser Code wurde auf der molekularen Ebene formuliert, denn es ergab sich, daß das Bildmaterial nicht tote Materie war, sondern den gleichen Lebenszyklus wie ein Virus entfaltete. Wenn man dieses Virus auf die Erde losließ, würde es die gesamte Bevölkerung befallen und in Ableger von uns verwandeln . . . Unser Virus befällt den Menschen und macht ihn zu unserem Ebenbild."

Dies ist der Ursprung der Burroughs-These "Sprache ist ein Virus aus dem All", die einmal unverhoffte Verbreitung finden sollte, unter anderem als Hit-Single der Performance-Künstlerin Laurie Anderson und selbst in der Rubrik "Worte der Woche" in der Illustrierten STERN (30. Oktober 1986). Am verblüffendsten ist wohl, daß der Nobelpreisträger Francis Crick, Entdecker der Erbsubstanz DNA, Jahre später in einem Beitrag für eine naturwissenschaftliche Zeitschrift dieselbe These zur Diskussion gestellt hat: Alle bisherigen Theorien über die Entstehung der menschlichen Sprache seien so wenig überzeugend, daß man genausogut postulieren könne, die entsprechende Mutation sei von Viren ausgelöst worden, die eine fremde Intelligenz irgendwo in der Galaxis aussandte und die mit den Sonnenwinden zum Planeten Erde gelangten . . .

Die Literaturkritik mochte ratlos sein, doch für den kanadischen Medientheoretiker Marshall McLuhan war alles ganz klar. Im Dezember 1964 analysierte er das Burroughs-Werk seit NAKED LUNCH in einem Essay für die Zeitschrift THE NATION und kam zu dem Befund, diese Bücher seien so etwas wie "der Report eines Ingenieurs über das risikoreiche Terrain und

Im Hotel Rushmore, Earl's Court, London, 1965. (Graham Keen)

Was könnte mir einen bereits existierenden biologischen Film noch versauen? Zufallsfaktoren, ganz eindeutig. D.h. wenn mir jemand Bild und Ton des Films auseinandernimmt und nach dem Zufallsprinzip wieder zusammenklebt. Kurz gesagt: die Cut-up Methode, die sich Brion Gysin auf dem Umweg über Hassan i Sabbah und den Planeten Saturn geklemmt hat. Naja, auf dem Gebiet habe ich einige Schwulitäten erlebt, aber nichts Ernstes. Da gab es Rimbaud und noch eine ganze Menge andere, die dem Dreh auf die eine oder andere Art bedenklich nahe kamen. Tristan Tzara. Dieser ganze Surrealisten-Verein. Aber mit denen wurde ich ohne weiteres fertig. Und warum habe ich nicht auch Mr. Gysin die Luft rausgelassen? Nun, vielleicht habe ich ihn zuerst nicht so ernst genommen. Vielleicht wollte ich auch nur mal sehen, ob er einen brauchbaren Fluchtplan aufs Tapet bringt. Ist schließlich immer gut, wenn man noch ne extra Karte im Ärmel hat. Also gut. Was passiert? Eh ich mich versehe, ist die Blockade des Planeten Erde durchbrochen. Kundschafter rücken an, und hinter ihnen ganze Armeen. Und irgendein dämlicher Sheriff von der Nova Polente behauptet, ich hätte die Kolonie absichtlich heruntergewirtschaftet und wollte sie als Nova hochgehen lassen. Na, eine Anklage wegen Nova kann mir keiner anhängen. Ich wollte den biologischen Film nur auf die Venus verfrachten und dort von vorne anfangen. Ein paar gute Eingeborene mitnehmen, damit es mit dem neuen Einstieg richtig klappt, und den Rest abservieren. Das ist nicht Nova, das ist höchstens Totschlag. Außerdem wollte ich sie schmerzlos verrecken lassen. Ich kanns nicht leiden, wenn geschrien wird. Schlecht für meinen Stoffwechsel."

New York, 1965. (Brion Gysin/Burroughs Archiv)

die zwanghaften Prozesse des neuen elektronischen Environments". In Deutschland war der Filmkritiker Peter W. Jansen der einzige, der in einer Besprechung von NOVA EXPRESS auf das Naheliegende verwies: "Burroughs' Schreibmethoden sind Techniken des Films: Montage, Überblendung, Einzelbildschaltung, Perspektivenwechsel, Achsensprung, Zerdehnung der Zeit, Zeitraffen, Farbmanipulation, Zerrlinsen-Optik. Für alle diese Techniken, die das New American Cinema exzessiv einsetzt, gibt es bei Burroughs geradezu wörtliche Entsprechungen. Die filmischen und elektronischen Techniken werden beschrieben und angewendet, und sie 'handeln' sogar, wenn etwa psychische Reaktionen dadurch ausgelöst werden, daß man bestimmte Filme auf Menschen statt auf die Leinwand projiziert."

Die Prognose von Paul Bowles und anderen, Burroughs werde seine Experimentierwut mit einem Leserschwund bezahlen, traf nicht ein. Schon Ende 1964 beschäftigte sich das in London erscheinende TIMES LITERARY SUPPLEMENT – in dem Burroughs-Gegner und Fans ein Jahr zuvor eine heftige, fast drei Monate anhaltende Kontroverse ausgetragen hatten – mit dem internationalen Phänomen des 'Underground', einer Gegenkultur mit eigenen Zeitungen, Zeitschriften und Kleinverlagen. Allein die im amerikanischen 'Underground Press Syndicate' zusammengeschlossenen Zeitungen erreichten bald ein Millionenpublikum – und Burroughs war mit Beiträgen fast so oft vertreten wie der unermüdliche Allen Ginsberg: Auszüge aus Romanmanuskripten, Artikel über Drogenpolitik, Bewußtseinserweiterung ohne chemische Substanzen, Medienguerilla-Taktiken.

In Literaturzeitschriften von Athen bis San Francisco und Calcutta breitete sich parallel dazu eine internationale 'Cutup-Verschwörung' aus: Burroughs ermunterte Leser und junge Schriftstellerkollegen, seine Texte mit eigenem und fremdem Material zu kombinieren und 'fortzuschreiben'. Der Szene-Kenner Barry Miles, Autor einer ersten Burroughs-Bibliographie, mußte bereits 1970 erkennen, daß es unmöglich geworden war, diese Cutup-Kollaborationen der sechziger Jahre auch nur annähernd komplett zu erfassen.

Das erklärt, weshalb der Autor in diesen Jahren 'live' so gut wie nie in Erscheinung trat: Er saß die meiste Zeit an der Schreibmaschine. Eine vielbeachtete Ausnahme gab es 1965, als er Brion Gysin nach New York folgte und sich im Chelsea Hotel ein Zimmer nahm. Nach einem kurzen Aufenthalt in Palm Beach – sein Vater war, fast achtzigjährig, an Herzversagen gestorben – gab er am 23. April im Loft des Malers Wyn Chamberlain in der Bowery 222 eine Lesung, zu der alles erschien, was in der Szene Rang und Namen hatte: Die Maler Larry Rivers und Andy Warhol, die Bildhauerin Marisol, die Fotografen Diane Arbus und Richard Avedon, die Dichter Ted Berrigan und Frank O'Hara. Die NEW YORK TIMES schickte einen Reporter.

Burroughs' erste öffentliche Lesung wurde ein voller Erfolg, nicht zuletzt wegen des Kontrasts zwischen seinem konservativen äußeren Habitus, der an den Senior eines gediegenen Bankhauses denken ließ, und dem krassen, makabren Witz der Texte, die er mit metallisch knarzender Stimme wie ein Profi des Vaudeville-Theaters vortrug.

Neal Cassady im Bus von Ken Keseys
"Merry Pranksters" während eines
Besuchs bei Timothy Leary in Millbrook,
New York, Herbst 1964. (Allen Ginsberg,
Detail)

Nach der Lesung sprach ihn ein junger Mann namens Conrad Rooks aus Chappaqua im Staat New York an, der gerade ein beträchtliches Vermögen geerbt hatte und entschlossen war, den ersten psychedelischen Spielfilm zu drehen. Burroughs war gern bereit, an der Seite des großen französischen Mimen Jean-Louis Barrault eine Rolle zu übernehmen.

Im Sommer kam in Paris seine erste Schallplatte heraus, auf der er Texte aus NAKED LUNCH und NOVA EXPRESS las, professionell aufgenommen von Ian Sommerville und produziert vom English Bookshop.

In New York stellte er mit Brion Gysin ein Kompendium von Essays und Text/Bild-Montagen zum Thema Cut-up zusammen, das wegen drucktechnischer Probleme mehrfach umgearbeitet werden mußte und erst 1978 unter dem Titel THE THIRD MIND als Buch erscheinen konnte.

Die Publicity in der NEW YORK TIMES schien einer Behörde nicht entgangen zu sein, die noch eine alte Rechnung mit ihm offen hatte. Herbert Huncke, der alte Times-Square-Hipster, berichtete ihm, ein Mann vom Rauschgiftdezernat habe ihn dazu drängen wollen, Burroughs und Ginsberg eine Falle zu stellen. Ginsberg war erst im Mai als unerwünschte Person aus Prag abgeschoben worden, wo ihn die Studenten nach einer turbulenten Lesung zu ihrem "Kral Majales" (Maienkönig) gewählt und auf Schultern durch die Straßen getragen hatten.

Burroughs entschloß sich Anfang September zur Rückkehr nach London. Auch dort hatte man ihn jetzt offenbar auf der Liste, denn seine Aufenthaltsgenehmigung wurde auf einen Monat befristet. Lord Goodman, der Patenonkel seines Freundes Michael Portman, intervenierte beim Innenminister und veranlaßte die Rücknahme dieser Schikane. Der Lord, Vorsitzender des British Arts Council, hatte Burroughs seit dem Schriftstellerkongreß von Edinburgh als einwandfreien Gentleman kennengelernt. "Mein lieber Junge", versicherte er dem 51jährigen Autor, "Sie bleiben selbstverständlich so lange, wie Sie wollen."

In einem ausführlichen Interview, das in der Literaturzeitschrift PARIS REVIEW erschien, überraschte Burroughs mit der Mitteilung, daß er inzwischen einen großen Teil seines Materials aus Träumen bezog; aber nicht in der Form, daß er seine Träume nur anzapfte. Sein Interesse ging weiter: "Was ist ein Traum? Eine bestimmte Kombination von Wort und Bild. Mich interessiert, welche Assoziationsverbindungen diese Kombinationen eingehen und wie es dazu kommt."

Im Juli 1966 war er das Leben in Hotelzimmern leid und nahm sich in der Nähe des Piccadilly Circus eine Wohnung. Um die gleiche Zeit trat in Londons Rock-Tempel UFO eine Gruppe auf, die sich nach einem seiner Romantitel nannte: "Soft Machine". Es war ein erstes Indiz für seinen beginnenden Kultstatus. Ein Jahr später verewigten ihn die Beatles auf dem Cover ihres "Sergeant-Pepper"-Albums, zusammen mit Edgar Allan Poe, Oscar Wilde, Karl Marx und Lawrence von Arabien.

Im Herbst, bei der Biennale von Venedig, bekam der Film CHAPPAQUA mit Burroughs in der Rolle des 'Opium Jones' den Silbernen Löwen.

Aus Florida erreichten ihn jetzt alarmierende Nachrichten. Seine Mutter, die an fortgeschrittener Arteriosklerose litt, geriet mehr und mehr in geistige Verwirrung, und sein 19jähriger Sohn Billy, dem er den Aufenthalt

Burroughs vor der Dream Machine von
Brion Gysin, London, 1972. (Charles
Gatewood)

in einem Internat finanzierte, war ausgerissen, nach New York getrampt
und süchtig geworden. Er schien sich entschlossen zu haben, in die
Fußstapfen des Vaters zu treten, allerdings ohne dessen Umsicht, denn er
griff wahllos zu allem, was er bekommen konnte: Speed (Methedrin),
Morphium, Dilaudid. Nach seiner dritten Verhaftung bekam er 1967 vier
Jahre auf Bewährung – unter der Bedingung, daß er im staatlichen
Narcotics Hospital in Lexington eine Entziehungskur machte. Burroughs
wußte aus Erfahrung, daß die Kur in Lexington nichts taugte, doch seinem
Sohn blieb keine Wahl. Er konnte ihn nicht einmal nach London holen,
denn unter den strengen Bewährungsauflagen durfte Billy das Land nicht
verlassen.

Zur großen Erleichterung seiner Verleger schien Burroughs jetzt die
langjährige Experimentierphase beenden zu wollen, denn er plante
wieder einen mehr konventionell erzählten Roman mit dem Titel THE
WILD BOYS. Von Mai bis Juli 1967 schrieb er in Marrakesch und Tanger
eine erste Fassung.

Ein Brief von Allen Ginsberg informierte ihn im Februar 1968, daß Neal
Cassady im Krankenhaus der mexikanischen Stadt San Miguel de Allende
wenige Tage vor seinem zweiundvierzigsten Geburtstag gestorben war.
Der große Romanheld der Beat Generation hatte seinem Organismus
zuviel Drogen und Alkohol zugemutet.

Burroughs' neue Passion in der ersten Hälfte des Jahres 1968 hieß Scientology. Trotz der damals schon beachtlichen Kosten absolvierte er in
London und Edinburgh sämtliche Kurse bis zur höchsten Stufe, denn er
vermutete im Scientology-'Processing' eine durchschlagende und zugleich
zeitsparende Alternative zu den langwierigen psychoanalytischen
Behandlungen, denen er sich in früheren Jahren ohne nennenswerten
Gewinn unterzogen hatte. In dieser Erwartung sah er sich enttäuscht,
doch wenigstens hatte er Gelegenheit, ein primitives, aber durchaus
wirkungsvolles Kontrollsystem von innen kennenzulernen. Die Erfahrung
lieferte Stoff für finstere Spekulationen und Satiren, und einiges davon
brachte er gleich in der Artikelserie "Academy 23" unter, die er in diesem
Jahr für das Magazin MAYFAIR schrieb. Am Ende verlangte er vom
Scientologen-Chef, er solle endlich seine Karten aufdecken: "Ich fordere
Sie heraus, Hubbard."

Die Studentenrevolte von Paris hatte er sich entgehen lassen, aber beim
nächsten Großereignis im August war er vor Ort. Für die Zeitschrift
ESQUIRE sollte er zusammen mit seinem Freund Terry Southern (Dreh-
buchautor des Films DR. STRANGELOVE) und dem französischen Kollegen
Jean Genet vom Wahlparteitag der Demokraten in Chicago berichten.
Genet erhielt wegen seiner kriminellen Vergangenheit kein Visum für die
USA und wurde von kanadischen Separatisten aus der Provinz Quebec
über die amerikanische Grenze geschafft.

Die eigentliche Story von Chicago war eine Protestkundgebung von
10 000 meist jugendlichen Vietnamkriegsgegnern. Das hysterische poli-
tische Establishment der Stadt konterte mit einem Aufmarsch von 16 000
Polizisten und 4 000 Mann Nationalgarde mit Maschinengewehren und
Schützenpanzern.

Seite 79, oben: Mit Brion Gysin, London, 1972. (Gerard Malanga)

Seite 79, unten: Beim Solo-Auditing mit dem "Wahrheitsdetektor" der Scientologen, London, 1972. (Charles Gatewood)

Burroughs war beeindruckt von der Protestkoalition, die sich gegen Regierung, Parteien und Kriegswirtschaft formiert hatte und in Chicago zum erstenmal in kompletter Besetzung antrat: Bürgerrechtler, liberale Abgeordnete, Black Panthers, Kirchenleute und Ordensbrüder, Kriegsdienstverweigerer, studentische Linke, Anhänger des linksliberalen Senators und Präsidentschaftsbewerbers Eugene McCarthy – und die militante Spaßguerilla der Yippies, angeführt von dem gewieften Taktiker Abbie Hoffman.

Doppelportrait mit David Bowie für die Zeitschrift ROLLING STONE, 1974. (Terry O'Neill)

Während der Parteitag sich abschottete und nach der Devise 'Business as usual' verfuhr, lief die Polizei draußen Amok und knüppelte alles nieder: Demonstranten, internationale Presse, Society-Damen beim Einkaufsbummel. Für Burroughs stand fest, daß Politik in Amerika endgültig zu talentlosem Showbusiness verkommen war. In seiner Story für ESQUIRE wird ein ferngesteuerter Affe zum Präsidentschaftskandidaten gekürt, der im Kugelhagel übereifriger Polizisten sein Leben aushaucht.

Neben der Arbeit an dem Roman THE WILD BOYS beschäftigte ihn 1969 ein

Audrey erinnerte sich an ein Bild von seiner Mutter, die Aufnahme wurde gemacht, als sie noch sehr jung war, vielleicht sechzehn, und dieses Bild überlagerte sich in seiner Erinnerung mit dem gutmütigen unglücklichen Gesicht einer alten Frau vor der Tür eines Bungalows in Palm Beach. Ein verblichenes braunstichiges Bild in einem silbernen Rahmen. Scheues zaghaftes Lächeln, umwölkt von Trauer und Todesahnung. Noch einmal hört er ihre Worte wie aus weiter Ferne, aus einem leeren Haus . . ." Du warst immer so weit fort." So weit fort, so viele Jahre her, ein Hauch von Tod und Trauer, ein zerstörtes Gesicht in Palm Beach, hinter ihr das Wohnzimmer mit alten Sachen aus dem 19. Jahrhundert, die letzten Überbleibsel ihres Antiquitätenladens 'Cobble Stone Gardens'. So habe ich sie zum letztenmal gesehen. In der Einfahrt wartete ihr Taxi.

Das verblichene silbergerahmte Lächeln, der gespenstisch leere Bungalow, das gutmütige unglückliche Gesicht. Mein Vater zeigt auf eine graue verkrüppelte Hand zwischen den eingestaubten Antiquitäten aus dem 19. Jahrhundert: "Zu spät. Ende für Cobble Stone Gardens." Die Adresse wird undeutlich, verdunkelt sich, die unglücklichen Worte dringen nur noch schwach herüber aus der fernen Nacht. Vater zeigt auf eine graue verkrüppelte Hand hinter einer Fensterscheibe in weiter Ferne . . . Geruch nach Jasmin . . . Zu spät . . . Cobble Stone Gardens . . .

faszinierendes Dokument aus der New Yorker Unterwelt. Killer des italienischen Syndikats hatten am 23. Oktober 1935 den jüdischen Gangster Dutch Schultz niedergestreckt, und an dessen Sterbelager hatte ein Polizeistenograph aufgezeichnet, was der Gangster in seinen letzten Stunden im Delirium von sich gab. Burroughs entdeckte darin ein 'natürliches Cut-Up', das er zu einer gespenstischen Filmerzählung ausbaute – "ein Schwarzweißfilm, durchschossen mit Explosionen von Blut", in dem die Akteure eine alptraumhafte Atmosphäre entstehen lassen, indem sie unversehens Rollen und Identitäten tauschen. Es ist ein kompliziertes Gebilde aus Zeitlupen– und Zeitraffersequenzen, sich wiederholenden und überlagernden Schleifen, rasant montierten Action-Szenen und blitzartigen Zwischenschnitten, die oft nur eine Hundertstel-Sekunde aufzucken – ein bewußter Rückgriff auf die unterschwellige Fernsehwerbung, die in den USA während der fünfziger Jahre vorübergehend praktiziert und dann verboten worden war.

Das Jahr endete mit der Nachricht, daß Jack Kerouac in St. Petersburg, Florida, wo er die letzten Jahre völlig zurückgezogen mit seiner Mutter gelebt hatte, im Alter von siebenundvierzig Jahren an inneren Blutungen gestorben war. Der "King of the Beats" hatte sich systematisch zu Tode getrunken.

Auf Einladung eines Filmproduzenten hielt sich Burroughs im Sommer 1970 zwei Monate in New York auf und schrieb seine Dutch-Schultz-Story, diesmal weniger experimentell, zu einem Drehbuch für einen Spielfilm um. Das Filmprojekt kam nicht zustande, doch das Drehbuch erschien 1975 unter dem Titel THE LAST WORDS OF DUTCH SCHULTZ im New Yorker Verlag Viking Press.

Ein langes Interview mit dem französischen Journalisten Daniel Odier, das von Burroughs mit spekulativen Texten und beispielhaften Stories angereichert wurde und noch im gleichen Jahr unter dem Titel THE JOB als Buch erschien, enthielt eine fast schroffe Abgrenzung von der Beat Generation: Er habe sich nie als Mitglied gefühlt. Mit den Beat-Autoren verbinde ihn eine private Freundschaft, doch in Haltung und Schreibstil gebe es keine Gemeinsamkeit.

Sein Leben in London bestand fast nur noch aus Arbeit. Er ging kaum aus, und seine Fans hatten Mühe, zu ihm vorzudringen. David Bowie suchte ihn auf und erzählte ihm, er habe in seinen Songtexten viel von der Cutup-Methode profitiert. Mick Jagger und seine nikaraguanische Braut wollten ihn als Hochzeitsgast an die Côte d'Azur einfliegen. Burroughs lehnte dankend ab.

Im Oktober 1970 bekam er von seinem Bruder Mortimer ein Telegramm. In einem Pflegeheim in St. Louis, wo sie ihre letzten Jahre in geistiger Umnachtung zugebracht hatte, war Laura Burroughs im Alter von zweiundachtzig Jahren gestorben.

1971 erschien der Roman THE WILD BOYS und bewies eindrucksvoll, wie sehr die Cutup-Experimente als Durchlauferhitzer für eine komprimierte, hochtourige Erzählprosa gewirkt hatten. Im Mittelpunkt der kunstvoll verschachtelten Handlung stehen Horden von jugendlichen homosexuellen Kriegerschamanen, die in der gesamten westlichen Welt Chaos und

London, 1972. (Charles Gatewood)

Schrecken verbreiten und unausrottbar werden, indem sie zu einer neuen
Spezies mutieren. Das Buch bot sicherlich Anlaß zu mehr Fehldeutungen,
als der Autor wissentlich in Kauf nehmen wollte. Dabei steht hinter der
detaillierten Schilderung des Überlebenstrainings und der magischen
Riten dieser jungen Wilden eindeutig die Überzeugung, der Mensch
müsse extreme Erfahrungen durchmachen, um tauglich zu werden für
eine andere Existenzform. Daher auch der Untertitel "A Book of the Dead"
– ein Totenbuch wie das der alten Ägypter, das Anweisungen für den
schwierigen Übergang in eine körperlose Existenz gab.
Jedenfalls war der Roman allein als reine Phantasieleistung so überzeugend, daß er zu einem der erfolgreichsten Bücher des Autors wurde.
Nach den 20 000 Exemplaren der gebundenen Leinenausgabe warf der
Verlag Grove Press eine Paperback-Ausgabe von 100 000 Stück auf den
Markt und druckte davon noch mehrere Nachauflagen.
Ähnlich wie einst NAKED LUNCH hatte das Wild-Boys-Projekt einen solchen
Umfang angenommen, daß das Material noch für einen zweiten Band
reichte: PORT OF SAINTS.
In England explodierten die Preise, und London war so unwirtlich und
öde geworden, daß Burroughs das Gefühl hatte, allmählich zu versauern.
Seine Stimmung verschlechterte sich, als eine Verfilmung von NAKED
LUNCH, die Mick Jagger finanzieren wollte, an den Allüren des Rockstars
scheiterte. Doch dann ergab sich unverhofft eine Gelegenheit, wenigstens
die lästigen Geldsorgen für eine Weile loszuwerden: Durch Vermittlung
eines Freundes konnten Burroughs und Brion Gysin ihr gemeinsames
Archiv an einen reichen Sammler in Liechtenstein verkaufen.
Im Sommer 1973 las Burroughs angenehm überrascht den gelungenen
autobiographischen Roman SPEED, mit dem sein Sohn Billy als Schriftsteller debütierte. Verleger war der unverwüstliche Maurice Girodias, der
seinen Dauerstreit mit der französischen Zensur und Justiz leid geworden
war und sich in New York etabliert hatte.
Der Watergate-Skandal steuerte inzwischen auf seinen Höhepunkt zu, und
ein Kongreßabgeordneter hatte bereits den formellen Antrag eingebracht,
gegen den US-Präsidenten wegen krimineller Machenschaften ein Verfahren zur Amtsenthebung einzuleiten.
Allen Ginsberg, der den Freund in London besuchte, hielt eine Militär-
diktatur in den USA für möglich. Burroughs dagegen sah auch einen
positiven Effekt: "Ich denke, Richard Nixon wird in die Geschichte als
wahrer Volksheld eingehen, weil er der verdorbenen Vorstellung von
einer angeblich verehrungswürdigen Autorität den Todesstoß versetzt
hat."
Burroughs konnte sich nicht zum Verlassen des ungeliebten London
aufraffen und brauchte offenbar einen geeigneten Anstoß. Ginsberg trat
sofort in Aktion, und im November konnte er ihm eine Einladung des City
College of New York vermitteln, das für seinen nächsten dreimonatigen
"Creative-Writing"-Kurs einen namhaften Autor als Gastdozenten suchte.
Nach zwanzigjährigem Aufenthalt in Europa und Nordafrika zog
Burroughs einen Schlußstrich und kehrte in die Vereinigten Staaten
zurück.

London, 1972. In der Duke Street No. 8,
St. James's, wohnte Burroughs seit 1967
zusammen mit Anthony Balch und Brion
Gysin. (Ann Charters)

DER BUNKER

1974 - 1981: RÜCKKEHR NACH NEW YORK

Am Lower Broadway mietete Burroughs sich eine Wohnung und genoß
es, wieder in einer Stadt zu leben, in der man nach Mitternacht noch essen
gehen oder etwas einkaufen konnte, von Verkäufern zuvorkommend
bedient wurde und in Kneipen von der irrwitzigen Aufforderung verschont blieb, mit dem Glockenschlag unverzüglich das Trinken
einzustellen.

Kurz nach seinem sechzigsten Geburtstag begann er seine Lehrtätigkeit
am City College und mußte bestürzt feststellen, daß seine Studenten nur
ihre Zeit absitzen und Comics lesen wollten. Er nahm die Herausforde-
rung an und mobilisierte sie, indem er ihnen Übungen wie diese ver-
ordnete: Einmal um den Block gehen, in jedem Gesicht auf der Straße
einen potentiellen Feind sehen und darauf achten, ob ein Vorkommnis
oder eine scheinbar zufällige Begegnung einen Bezug hat zu etwas, das
man kurz zuvor gedacht oder gehört hat. Das, sagte er, habe er vor Jahren
von einem alten Mafia-Don in Detroit gelernt.

Das wichtigste Ereignis der ersten Wochen in New York war für ihn die
Begegnung mit einem talentierten jungen Fan aus Kansas, den ihm Allen
Ginsberg schickte. Der einundzwanzigjährige James Grauerholz, der sich
eigentlich nur als Sekretär bei ihm bewerben wollte, wurde innerhalb
kurzer Zeit zu seinem unentbehrlichen Freund und Vertrauten, Lektor
und Manager. Für den bewunderten Autor, den viele nur als Legende
kannten und schon für tot hielten, organisierte er Lesungen im ganzen
Land, und mit einer Mischung aus Belustigung und Genugtuung nahm
Burroughs nun stehende Ovationen entgegen – auch an der Universität
von Chicago, wo man seine Texte einst als pornographischen Schund
verboten hatte.

Der bissige Skeptiker, der nie einen Trend mitgemacht hatte, war noch
immer eine Stimme, mit der sich auch die nächste rebellische Generation
identifizieren konnte. Die Redaktion des Rockmagazins CRAWDADDY sah
das genauso und verpflichtete ihn kurzerhand als Kolumnisten. Er verfaßte Attacken auf CIA, Scientology und religiöse Fundamentalisten, und er
spekulierte über außersinnliche Wahrnehmung, biologische Kriegführ-
rung, Genmanipulation und Biofeedback.

Ende 1974 begann er mit der Arbeit an einem neuen Roman, der wesentlich umfangreicher als seine bisherigen werden sollte und eine Energie-
leistung von mehreren Jahren verlangte. Schon der Anfang wurde ihm
schwer gemacht durch Schicksalsschläge, die einige seiner engsten
Freunde trafen: Brion Gysin mußte sich in London drei Krebsoperationen

Seite 84/85: Auf der Brooklyn Bridge, New York, 1978. (Gerard Malanga)

Mit Allen Ginsberg und dem Dichter und Zen-Mönch Phil Whalen am Naropa College, Boulder, Colorado, 1975. (Rachel Homer)

Die amerikanischen Besatzer stoßen in Mexiko auf nichts als Haß und Sabotage und Heckenschützen . . . vom Rio Grande bis Argentinien operieren Guerilla-Einheiten, ausgebildet und angeführt von Chinesen . . . China klemmt sich ganz Südostasien . . . wir halten Formosa unter schweren Verlusten . . . Rußland macht mobil, wartet aber noch ab . . . Das U.S. Oberkommando mosert, weil es die A-Bombe nicht einsetzen darf . . . unser Verteidigungsminister sagt vor einem Untersuchungsausschuß des Senats: "Das Ding würde direkt in unserem Hinterhof einschlagen . . ." Die Energieversorgung bricht zusammen . . . Bewaffnete Banden machen die Städte unsicher . . ."Wo willst du denn mit den ganzen Fressalien hin, Gertie?". . . Sie haben einen Schwulen auf der North Clark Street gestoppt . . . sein Herz pumpert unter seinem himmelblauen Seidenhemd, während er ihnen in die kalten Augen sieht und in die Mündungen ihrer Knarren . . . Beatnik-Heilige predigen Frieden und Nächstenliebe . . . "Ich meine, wickelt euch doch alle um den Arsch eures Nachbarn und liebt ihn, bis ihm die Tränen kommen und wir alle eine einzige große Familie sind". . . Die Chinesen marschieren in Kanada ein. . . Jetzt könnten wir dem Skript noch den letzten Dreh geben und Henry Cabot Lodge als patriotischen Stiesel auftreten lassen, der ein und für allemal den Amerikanischen Standpunkt klarmacht: "Alles, was Amerika je in den Träumen seiner Menschen bedeutet hat, wird es jetzt verwirklichen . . . Alles, was dieses Land hätte sein können und nicht gewesen ist, das wird es jetzt sein . . . Alles, was Amerika je versprochen hat, wird es jetzt einlösen . . ."

Seite 86: Mit Gregory Corso vor der West End Bar, Upper Broadway, New York, 1974. (Mellon Tytell)

unterziehen und unternahm einen Selbstmordversuch; Anthony Balch litt an einer auszehrenden Krankheit, die den Ärzten Rätsel aufgab, und bekam einen Nervenzusammenbruch; Ian Sommerville kam bei einem Verkehrsunfall ums Leben.

Inzwischen war Burroughs in die Bowery 222 umgezogen, wo er 1965 seine erste Lesung gegeben hatte. Das Gebäude war einmal Teil eines CVJM-Heims gewesen, und das fensterlose Loft in der ersten Etage war der ehemalige Umkleideraum der Turnhalle. Für Burroughs und seine Freunde hieß es schlicht "Der Bunker". Hier vergrub er sich nun ganz in seiner Arbeit. Dennoch kam keine Bunkermentalität auf – dafür sorgte schon der Popjournalist Victor Bockris, der sich mit ihm angefreundet hatte und im Laufe der Monate und Jahre immer wieder anregende Dinnergäste mitbrachte: Andy Warhol und Susan Sontag, den Anthropologen

Peter Beard und den Punkrocker Richard Hell, Christopher Isherwood und Patti Smith, Frank Zappa, Tennessee Williams und den Regisseur Nicholas Roeg.

Die Nachrichten, die Burroughs von seinem Sohn erhielt, klangen im Sommer 1976 besonders ermutigend. Billy arbeitete an seinem zweiten Roman, und durch Vermittlung von Allen Ginsberg hatte er einen festen Job am Buddhisten-College Naropa in Boulder, Colorado. Im Juli reiste Burroughs an, um mit Ginsberg und Corso einen Sommerkurs zu unterrichten. Kurz nach seiner Ankunft platzten an der Innenseite von Billys Speiseröhre mehrere Äderchen. Der ärztliche Befund war niederschmetternd: Billy hatte einen so schweren Leberschaden, daß ihn nur noch eine Transplantation retten konnte. Er war neunundzwanzig.

Das einzige Ärzteteam, das damals diese Operation beherrschte, war das von Dr. Starzl am Colorado General Hospital in Denver, keine fünfzig Kilometer entfernt. Starzl war der Pionier der Lebertransplantation, und

Mit Sohn Billy kurz nach dessen Lebertransplantation, Boulder, Colorado, 1976.
(Burroughs Archiv)

sein Forschungsprogramm wurde vom Staat finanziert – wer von ihm als
Patient angenommen wurde, bekam die Operation kostenlos. Billy wurde
angenommen, weil er unter vierzig und bei ansonsten guter Gesundheit
war. Doch auch bei solchen Patienten lag die Mortalitätsrate noch bei
dreißig Prozent.

Am 23. August versagte Billys Leber, und er sank in ein Koma. Fünf Tage
später eröffneten die Ärzte seinem Vater: "Keine Chance, daß er wieder zu
sich kommt. Und wir haben keine Spenderleber." Am Tag darauf starb im
Hospital eine 25jährige Tumorpatientin an einem Hirnschlag. Sie hatte
dieselbe Blutgruppe wie Billy.

Noch am selben Tag wurde Billy die Leber der jungen Frau eingepflanzt.
Die vierzehnstündige Operation verlief erfolgreich, doch Komplikationen
in den folgenden Monaten machten weitere Eingriffe notwendig, und bald
wurde auch klar, daß sich Billys Persönlichkeit unter dem Einfluß der
abstoßungshemmenden Medikamente drastisch veränderte. Nach der Entlassung im Januar 1977 wurde sein Verhalten irrational und selbst-
zerstörerisch. Er verwahrloste, er nahm Drogen, und das Schlimmste war
– er trank.

Alte Freunde wie Ginsberg, die Burroughs nie anders als stoisch gekannt
hatten, erlebten ihn zum erstenmal völlig verzweifelt. Doch er wollte sich
nicht damit abfinden, daß sein Sohn jede Hilfe zurückwies, und schließlich überredete er den Psychiater des Hospitals in Denver zu etwas, das
man dort noch nie gemacht hatte: Billy bekam regelmäßige Morphium-
Injektionen, um wenigstens seine lebensgefährliche Trinkerei zu
unterbinden.

Burroughs hatte sich in Boulder eine Wohnung genommen, und während
der nächsten zwei Jahre pendelte er ständig zwischen New York und
Colorado, um nach seinem Sohn zu sehen. Billy aber fing wieder an zu
trinken, und seine Lebenserwartung reduzierte sich immer mehr.

Unter dieser Belastung stellten sich bei Burroughs lähmende Schreib-
hemmungen ein. Oft mußte er die Arbeit an seinem neuen Roman für
mehrere Wochen unterbrechen. Im CBGB, nur einen Steinwurf vom
"Bunker" entfernt, traten jetzt Punkrocker auf, deren Namen an Figuren

Mit Ginsberg in der Sauna des Naropa
College, Foto unten, von links nach rechts:
James Grauerholz, Steve Lowe, Ira
Silverberg, Allen Ginsberg und Phil
Whalen, Boulder, 1976. (Gordon Ball)

'Ich hab die Dildo-Connection in Lesbos
und das Vaseline~Monopol in Sodom
Ich bin der einzige Pusher in Istanbul
und der einzige Punk im Islam
Ich bin die einzige Bar in der Skid Row
Ich bin die einzige Nutte am Hafen. . .'

Und damit könnt ihr euch einbalsamieren
lassen, ihr rot-weiß-blauen Sternenbanner-
Wichser aus Pfefferminz . . . die Feuerleitern
runter, die Fußgängerbrücken, die Strick-
leitern an den überhängenden Felsen . . . ver-
räucherte Kneipen in die Felswände einge-
hauen . . . nach hinten heraus winzige Schlaf-
kojen, und im Schankraum braten sie Berg-
schafe am Spieß . . . Pilger aus allen Bevölke-
rungsschichten und in verschiedenen Stadien
des Zerfalls mustern einander mit gleichgülti-
gen teilnahmslosen Blicken . . . was habt ihr
denn erwartet? Vielleicht eine monströse
Kreuzung aus einem Schneemenschen mit
einem Braunbär und einem bösartigen
Bullshit-Virus? . . .

Während des 'Collogue de Tanger', Genf,
1975. (François Lagarde)

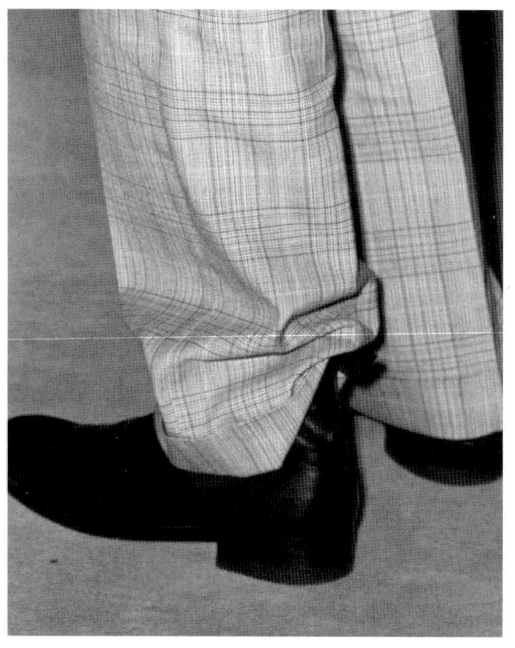

aus seinen Büchern erinnerten: Johnny Vortex, Lydia Lunch, Inferential
Kid. Johnny Rotten hatte vermutlich keine Ahnung, daß ihm Burroughs,
dieser alte Rebell, schon in London mit der Parole "Bugger the Queen!"
zuvorgekommen war.

Elliott Gould wollte THE LAST WORDS OF DUTCH SCHULTZ verfilmen und
selbst die Hauptrolle übernehmen. Aus diesem Vorhaben wurde nichts,
aber dann trat ein exzentrischer Financier auf den Plan und erwarb für
20 000 Dollar eine Option auf JUNKIE. Er heuerte Terry Southern als
Drehbuchautor und Dennis Hopper als Regisseur und Hauptdarsteller an.
Die beiden bewiesen, daß sie zu Recht einen Ruf als chaotische Drogen-
freaks genossen, und das Projekt endete schon im Planungsstadium in
einem Fiasko.

Burroughs war indessen auch anderswo gefragt. Das Nachrichtenmagazin
NEWSWEEK wollte ihn für eine Gastkolumne gewinnen, Zeitungen der
schwulen Befreiungsfront baten ihn um Interviews, für Patti Smith schrieb
er einige Songtexte, und an der Universität von Minnesota gründeten
Studenten einen Burroughs-Klub, dessen einziges Ziel es war, die
Beschäftigung mit seinen Werk zu fördern. An der Ecke Second Avenue
und 6. Straße hatte es schon 1967 eine Junkie-Cafeteria mit dem
naheliegenden Namen "Naked Lunch" gegeben, doch daß jetzt eine
Boutique für Damenmoden in Seattle den Namen "Nova Express" wählte,
schien eher auf einem Mißverständnis zu beruhen.

Ein anderer Rückgriff auf den Romantitel hatte dagegen einen triftigen
Grund. Bei dem Dichter John Giorno, der im Stockwerk über dem Bunker
wohnte und Schallplatten von Burroughs-Lesungen auf seinem Label
Giorno Poetry Systems herausbrachte, erschien im Sommer 1978 der
Literaturprofessor Sylvère Lotringer von der Columbia Universität und
sprach von der Idee zu einer großen Burroughs-Hommage nach dem
Vorbild des 'Colloque de Tanger' von 1975, das französische Künstler und
Literaturwissenschaftler zu Ehren von Burroughs und Gysin in Genf orga-
nisiert hatten. Giorno fand so etwas viel zu steif und akademisch, und in
Diskussionen mit Burroughs-Intimus Grauerholz enstand sehr rasch ein
anderes Konzept: Ein Multimedia-Ereignis mit Star-Attraktionen, ein
mehrtägiges Meeting der Gegenkultur unter der Bezeichnung "Nova
Convention".

Die Veranstaltung dauerte vom 30. November bis 2. Dezember und
brachte alte und neue Galionsfiguren der alternativen Szene auf die
Bühne des ehemaligen Phoenix-Theaters an der Ecke Second Avenue und
12. Straße: Timothy Leary und Laurie Anderson, Brion Gysin und Patti
Smith, John Cage und Philip Glass, Allen Ginsberg, den Tänzer Merce
Cunningham und den Dichter Ed Sanders, der einst mit seiner Porno-Agit-
prop-Rockgruppe "The Fugs" Furore gemacht hatte. Frank Zappa sprang
für Keith Richards ein, dem seine Anwälte wegen eines bevorstehenden
Drogenprozesses in Toronto von einer Teilnahme abgeraten hatten. Die
Medien berichteten ausführlich von dem Ereignis, und Burroughs machte
die merkwürdige Erfahrung, daß ihn sein englischer Verleger im Rausch
der Begeisterung für den Nobelpreis nominierte, während andere ihn
gleichzeitig zum Paten des Punk ausriefen.

Mit John Giorno, Cover der LP NOVA CONVENTION. (James Hamilton)

Nova Convention, New York, 1978, von links nach rechts: Timothy Leary, Burroughs, Les Levine, Brion Gysin und Robert Anton Wilson. (Marcia Resnick)

Für die Punk-Szene, die Heroin als Grundnahrungsmittel betrachtete, war der Autor, der ihrer Musik so wenig abgewinnen konnte wie ihrer Lebenseinstellung, der Inbegriff des kompromißlosen Junkie, obwohl er außer Alkohol nichts anrührte. Heroin war allerdings Ende 1978 plötzlich in solchen Mengen auf dem Markt, daß der Preis für einen Fix von dreißig auf zehn Dollar fiel. Und in der Rivington Street, schräg gegenüber vom 'Bunker', betrieben mehrere Dealer ihr Geschäft . . .

James Grauerholz hatte in die Vorbereitung der "Nova Convention" einige aufreibende Monate Arbeit gesteckt und fuhr nach Kansas, um ein paar Wochen auszuspannen. Bei seiner Rückkehr war der Bunker von jungen Junkies bevölkert, und Burroughs hatte eine Sucht.

Grauerholz sah seine Loyalität zu dem verehrten Autor und Freund auf eine harte Probe gestellt, denn Burroughs ließ nicht mit sich reden und hatte auch gar kein schlechtes Gewissen, denn die Hauptarbeit an seinem Romanmanuskript war beendet. Susan Sontag, die eines Tages vorbeischaute, sah auf seinem Schreibtisch einen Stapel von 720 Seiten.

Es vergingen fast zwei Jahre, bis Burroughs sich aus der riskanten Illegalität der Drogensubkultur in der Umgebung der Bowery wieder zurückzog. Den Ausstieg erleichterte ihm das Methadon-Programm einer Privatklinik, die angeblich auch einen US-Senator und einen bekannten Nachrichtenmoderator zu ihren Kunden zählte. An Brion Gysin schrieb er, die zwei Jahre hätten sich für ihn schon deshalb gelohnt, weil er sich in dieser Zeit nicht mehr betrinken konnte: "Das Trinken war für mich ein wahrer Fluch. Was für eine Erleichterung, morgens nicht mehr aufzuwachen und sich vergeblich zu fragen, was man am Abend zuvor gesagt hat oder wie man nach Hause gekommen ist."

Anfang 1981 erschien CITIES OF THE RED NIGHT, sein längster und zugleich

Die Stadt liegt auf einer grauen Schieferplatte, halbkreisförmig um eine schmale Bucht, die von einem Zufluß des Sees gebildet wird. Ein morscher Pier ragt aus dem seichten grünen Wasser. Die verrotteten Bohlen reichen tief hinab in einen unergründlichen Schlick, in dem es von giftigen Würmern wimmelt. Landeinwärts ist die Stadt umgeben von einem dichten Laubwald, dessen Wild zusammen mit den Fischen aus dem See die Nahrung der Bewohner bildet. Das Wasser ist zu seicht für Boote mit normalem Tiefgang, so daß man auf leichte Katamarane ausweichen muß. Diese verfügen über ungewöhnlich große Segel, denn in der brütenden Stille über dieser Endmoräne regt sich nur noch ein schwacher Wind, ein ersterbender Hauch aus vergangenen Zeiten: die Segel bestehen aus alten Fotos, die man mit einem starken transparenten Kleister zusammenklebt; die Bilder erzeugen einen Unterdruck, der mit seinem Sog die Winde der Vergangenheit anzieht. Die Häuser scheinen auf den ersten Blick aus blaugrauen Schieferblöcken zu bestehen, die sich weich wie Kernseife anfühlen. Die Stadt wirkt wie eine einzige Wabenkonstruktion, die sich rings um die Bucht legt. Die Einwohner kennen keine Sprache. Stundenlang sitzen sie stumm und regungslos wie Eidechsen auf dem Pier und auf den Balkonen und Terrassen und folgen mit ihren Augen den Rillen und Verwerfungen, die der giftige Ringelwurm im schillernden Schlick hinterläßt. Bei näherem Zusehen erweist sich, daß auch die Häuser aus alten Fotos bestehen, die zu Blöcken gepreßt sind und einen violetten Dunst verströmen, der die Räume und Straßen und Terrassen dieser toten Müllkippe der Vergangenheit erfüllt - eine statische Welt, schal und abgestanden wie das Gras und der Himmel auf einer alten abgegriffenen Ansichtskarte.

eingängigster Roman. Die 'Städte der Roten Nacht' sind sechs mythologische Stadtstaaten im Gebiet der Wüste Gobi vor 100 000 Jahren – eine Phantasie von Brion Gysin, in deren Mittelpunkt die Spekulation steht, die weiße Rasse sei hervorgegangen aus der dunkelhäutigen Bevölkerung jener Gegend, die infolge einer rätselhaften Strahlung mutierte. Eine zweite Handlung berichtet von Piraten und Guerillas, die im Panama des Jahres 1702 einen Befreiungskampf gegen die spanischen Besatzer führen. Hinzu kommt eine Detektivgeschichte mit okkultem Hintergrund, die in der Gegenwart angesiedelt ist und sich zwischen Athen, Tanger, New York und Lima abspielt.

Die Fülle des Stoffs hätte ohne weiteres für drei Bücher gereicht – einen der damals so populären Fantasy-Romane, einen Krimi und einen historischen Abenteuerroman. Statt dessen komprimierte Burroughs seine Rohfassung auf 336 Seiten, verschränkte die drei Haupthandlungen und montierte sie kapitelweise ineinander. Der Effekt, der sich nach der Mitte des Buchs einstellt, ist frappierend: Die geschilderten Ereignisse, die scheinbar nichts miteinander zu tun haben, geraten in einen gespenstischen Schwebezustand, die Zeitgrenzen werden durchlässig, und die Handlungsstränge gehen buchstäblich in Synchronizität auf.

Diese Leistung beeindruckte auch Kritiker, die dem Autor sonst nicht gerade wohlgesonnen waren. Die SUNDAY TIMES in London erklärte das Buch sogar zum besten Roman des Jahres.

Am 3. März nahm James Grauerholz einen Anruf aus Orlando, Florida entgegen. Billy war kurz nach der Einlieferung in ein Krankenhaus gestorben. Die Todesursache war dieselbe wie bei Jack Kerouac: Innere Blutungen als Folge eines Versagens der Leber.

Der Anruf war in den frühen Morgenstunden gekommen. Grauerholz wartete, bis der Freund aufgestanden war und gefrühstückt hatte. Burroughs, der es haßt, Emotionen zu zeigen, ging wortlos in sein Schlafzimmer und schloß sich ein.

Die Junk-Invasion im Bunker war für Grauerholz ein Alarmsignal gewesen, obwohl er wußte, daß Burroughs' Rückfall in eine Heroinsucht auch eine Reaktion auf die Tragödie seines Sohnes war. New York war nicht mehr die richtige Umgebung für den Siebenundsechzigjährigen. Um dem New Yorker Streß zu entkommen, hatte sich Grauerholz in den letzten beiden Jahren immer wieder in der Universitätsstadt Lawrence in Kansas aufgehalten, wo er Freunde aus seiner Schulzeit hatte. Er war erleichtert, als Burroughs im Sommer 1981 einige Wochen bei ihm auf dem Land verbrachte und sich dort so wohlfühlte, daß er zum erstenmal davon sprach, sich in Lawrence niederzulassen. Den Ausschlag gab schließlich die Hausverwaltung von der Bowery 222, die ihm eine Verdoppelung seiner Miete ankündigte.

Ehe er New York den Rücken kehrte, gab er am 7. November noch eine spektakuläre Abschiedsvorstellung vor einem Millionenpublikum von Fernsehzuschauern. Von der Schauspielerin Lauren Hutton als Amerikas größter lebender Schriftsteller angekündigt, eröffnete er eine Folge der populären Satire-Show "Saturday Night Live" mit einer Lesung der makabren Dr. Benway-Operationsszene aus NAKED LUNCH.

New York, 1980. (Robert Mapplethorpe)

Mit Andy Warhol im Bunker, New York,
1980. (Marcia Resnick)

Mit Allen Ginsberg, stehend von links:
Peter Orlovsky und Gregory Corso, New
York, 1981. (Marcia Resnick)

Oben: Fototermin mit Andy Warhol für ein
Burroughs-Portrait, das nicht realisiert
wurde, New York, 1980. (Bobby

Unten: Dinner im Bunker mit Mick Jagger
und Andy Warhol, New York, 1980.
(Marcia Resnick)

GÄSTE IM BUNKER

Der legendäre "Bunker", den Burroughs in der zweiten Hälfte der siebziger Jahre in New York bewohnte, war ein fensterloses Loft in einem Gebäude, das einmal Teil eines CVJM-Heims gewesen war. Die Lage des Gebäudes in einem besonders verrufenen Elendsviertel stellte sicher, daß der Autor nur von unerschrockenen Fans aufgesucht wurde, denen ihr Besuch ein echtes Anliegen war. Andy Warhol tauschte mit ihm Erinnerungen an frühe Sexerlebnisse aus; mit Debbie Harry von der Rockgruppe "Blondie" diskutierte Burroughs über das richtige Verhalten in Häusern, in denen es spukt; David Bowie brachte ihm ein orginales, handgefertigtes Bowie-Messer mit; Terry Southern verwickelte ihn in ein Streitgespräch über dubiose Betäubungsmittel; Frank Zappa sprach von dem Plan, NAKED LUNCH als Broadway-Musical auf die Bühne zu bringen; Mick Jagger wollte wissen, wen sein Gastgeber in der letzten Zeit erschossen hatte. 1990 wurde der "Bunker" in Tokio als Discothek nachgebaut.

Oben: Lou Reed, 1978. (Victor Bockris); Mitte: Von links nach rechts: Burroughs mit James Grauerholz, Victor Bockris und Ira Cohen, 1982. (Gerard Malanga); unten: Mit dem Regisseur John Waters. (Marcia Resnick)

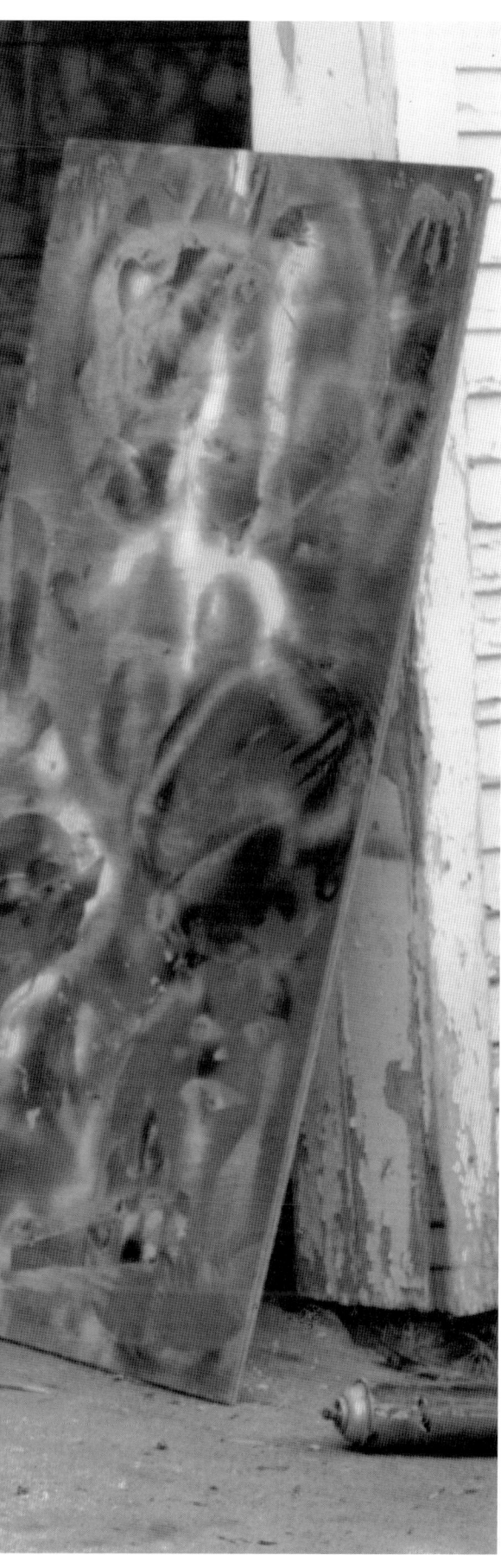

WESTERN LANDS

1982 - 1993: KANSAS

Am Stadtrand von Lawrence, 30 Meilen westlich von Kansas City, fand Burroughs ein kleines Haus für 36.000 Dollar, leistete eine Anzahlung und schrieb täglich an seinem Wildwest-Roman, auf den die Fans schon seit 1965 warteten, als er das Vorhaben in seinem Interview mit der PARIS REVIEW erstmals erwähnt hatte. Nach und nach legte er sich ein halbes Dutzend Katzen zu, und mit dem Ortsvorsitzenden der linksliberalen American Civil Liberties Union traf er sich zu Schießübungen.

Eines Tages zerballerte er mit seiner doppelläufigen Rossi-Schrotflinte einen Farbtopf vor einer alten Tür. Er nannte das Ergebnis "Gun Door" und fand, daß man es sich durchaus in einer Kunstgalerie vorstellen konnte. Es war das erste Beispiel seiner "Shotgun Art", mit der er eine zweite Karriere als Maler begann. Vor seiner Abreise aus New York hatte er mit Robert Rauschenberg an einer Lithographie-Serie mit dem Titel "American Pewter with Burroughs" zusammengearbeitet, und auch dabei waren ihm einige Ideen gekommen, die er einmal ausprobieren wollte. Zuerst aber mußte er sich auf die Arbeit an seinem 'Western' konzentrieren.

Um die Geldknappheit zu beseitigen, in die er durch die Anzahlung für das Haus geraten war, unternahm er im Herbst 1982 eine Lesereise. Auch ein Abstecher nach Hamburg wurde notwendig – zu Aufnahmen mit Christiane F. für den Film DECODER. Ein trauriger Anlaß brachte ihn im Februar 1983 in seine Heimatstadt St. Louis zurück: Sein Bruder Mortimer war mit dreiundsiebzig Jahren gestorben.

Am 18. Mai wurde er in New York in die American Academy of Arts and Letters aufgenommen. Für Ginsberg, Mitglied seit 1974, war es die Krönung einer jahrelangen subversiven Tätigkeit hinter den Kulissen. Schon 1977 hatte er zum erstenmal eine Koalition für eine Burroughs-Nominierung zustande gebracht, doch es hatte nicht gereicht, und auch in den folgenden Jahren war er immer wieder abgeblitzt. Sie hatten diesen verfemten Paria nicht haben wollen. Jetzt nahmen sie ihn endlich hin, wenn auch mit Schluckbeschwerden: Einige in der ersten Reihe, darunter die Historiker Arthur Schlesinger und Barbara Tuchman, rührten keine Hand zum Applaus, als Burroughs seine Ernennungsurkunde in Empfang nahm. Sein Kommentar nach der Zeremonie war wie immer knapp und deutlich: "Vor zwanzig Jahren haben diese Leute noch gesagt, ich gehöre ins Zuchthaus. Heute sagen sie, ich gehöre in ihren Klub. Sie waren mir damals egal, und sie sind es auch heute."

Nach einer Lesetournee durch Skandinavien und Holland flog er im Oktober noch einmal nach New York, wo der junge Regisseur Howard

KEROUAC-KONFERENZ AM NAROPA COLLEGE BOULDER, COLORADO 1982

Ein Treffen der Beat-Autoren und ihrer Freunde am 25. Jahrestag der Erstveröffentlichung von ON THE ROAD.

Seite 100: Burroughs mit Abbie Hoffman. (Myles Aronowitz); Mitte: Mit dem Filmemacher Robert Frank (drehte 1960 mit Ginsberg, Orlovsky und Corso den Film PULL MY DAISY, zu dem Kerouac den Erzähltext verfaßte und sprach). Foto: Mellon Tytell; unten: mit Herbert Huncke. (Mellon Tytell)

Seite 101, oben: erste Reihe, sitzend, v.l.: Larry Fagen, Carolyn Cassady (Witwe von Neal Cassady), 4. v.l.: Gerald Nicosia (Kerouac-Biograph); rechts: Burroughs.

Zweite Reihe, sitzend, v.r.: Allen Ginsberg, Peter Orlovsky, Robert Creeley, John Clellon Holmes. Stehend, 2. v.l.: Anne Waldman (Leiterin der Jack Kerouac School am Naropa College); 4. v.l.: Lawrence Ferlinghetti, daneben: Clark Coolidge, Fernanda Pivano (italienische Übersetzerin von Ginsberg, Kerouac und Corso); dahinter, stehend, v.l.: Jack Micheline (einer der 'Jazz Poets' der Beat Generation); Ann und Sam Charters, Paul Kresnik, Timothy Leary und Frau; rechts außen: Abbie Hoffman. Ganz rechts, stehend: Gregory Corso. Foto: Myles Aronowitz; unten: v.l.n.r.: Ginsberg, Waldman, Burroughs, Ken Kesey. Foto: Ann Charters; Foto, unten, rechts: Myles Aronowitz

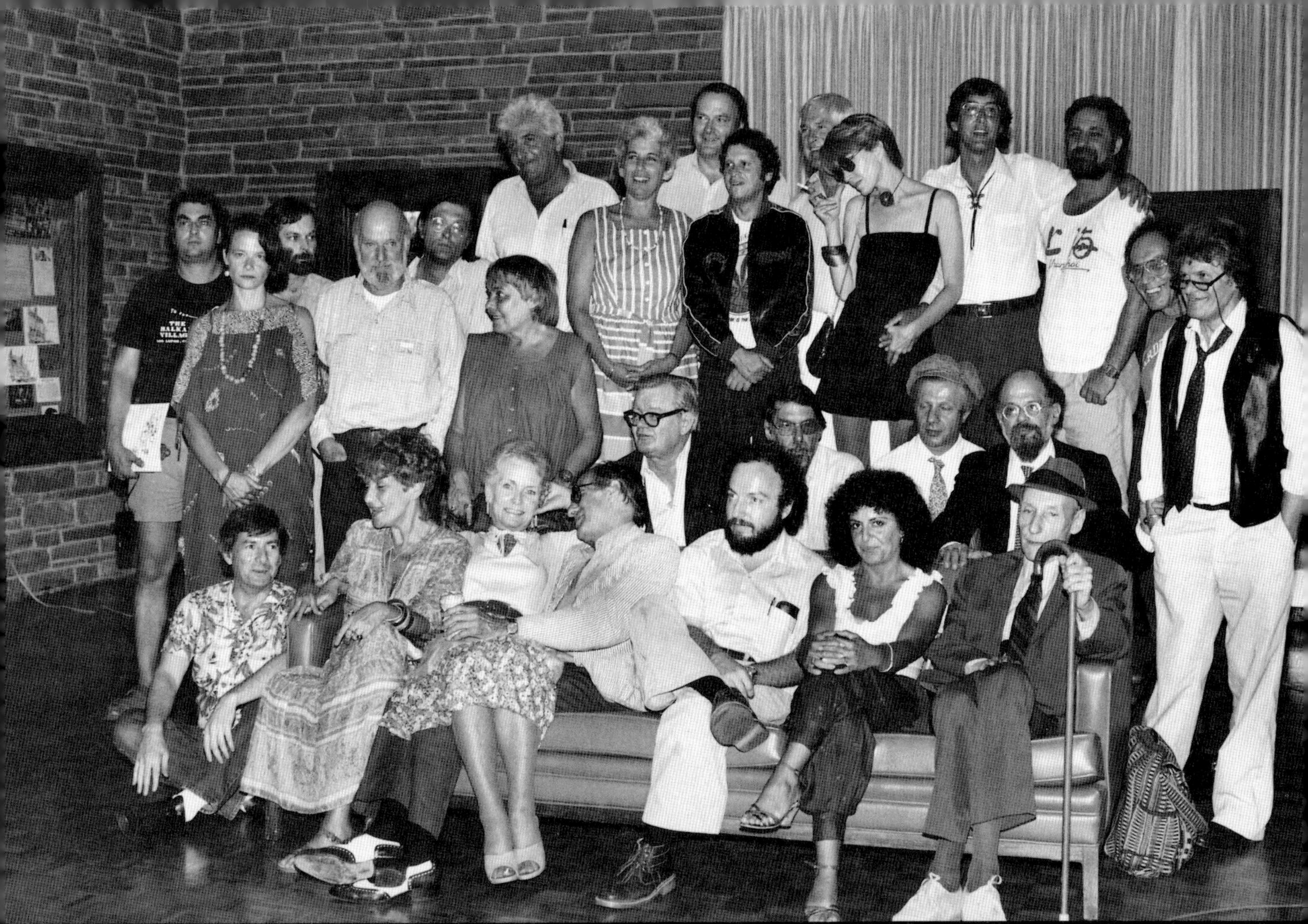

ON THE ROAD
THE JACK KEROUAC CONFERENCE

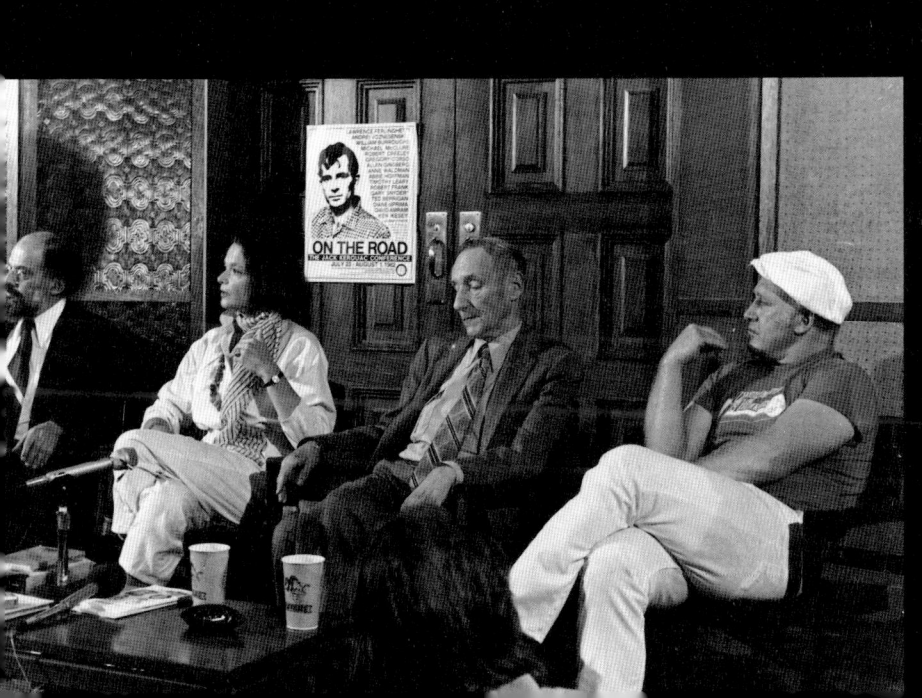

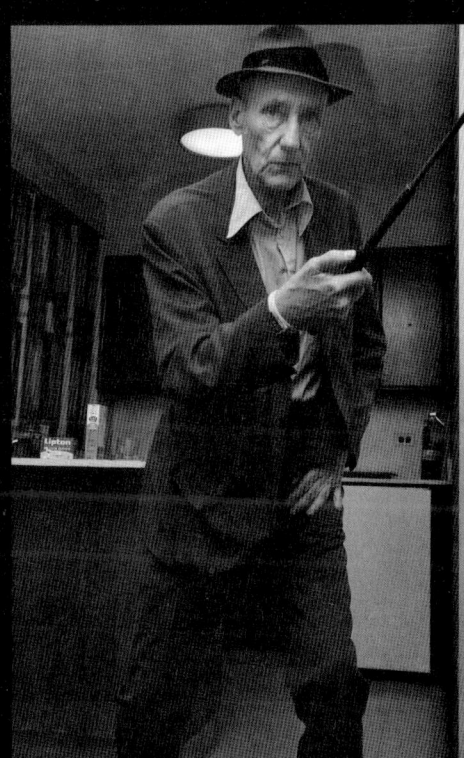

Seite 98/99: Burroughs in seinem Atelier in Lawrence, Kansas, 1989. (Philip Heying)

Brookner beim alljährlichen Filmfestival seinen Burroughs-Dokumentarfilm vorstellte, an dem er vier Jahre gearbeitet hatte. Für den Autor war es eine späte Genugtuung, als die BBC kurz danach die Fernsehrechte erwarb.

Zu seinem siebzigsten Geburtstag organisierte der Grauerholz-Freund Ira Silverberg, der die Presseabteilung des Verlags Grove Press leitete, eine Feier im New Yorker Limelight Club. Unter den 170 geladenen Gästen waren die Autoren Terry Southern und Kurt Vonnegut, der Sänger Sting und natürlich Allen Ginsberg. Burroughs stellte verwundert fest, daß es immer noch junge Männer gab, die sich ihm anboten, doch er hatte kein Interesse mehr. Sex hatte er fast immer als Krankheit erlebt, als eine

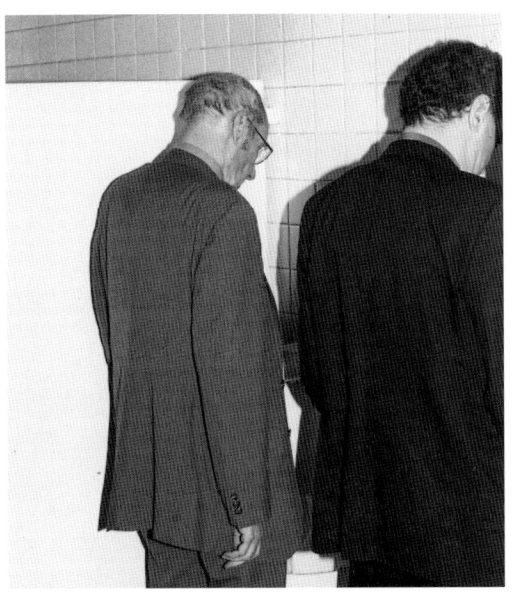

Mit John Giorno vor der Premiere des Burroughs-Dokumentarfilms von Howard Brookner beim New York Film Festival, 1983. (Ira Cohen)

Sucht, ein gieriges Verlangen, vom Körper eines anderen Besitz zu ergreifen und mit ihm zu verschmelzen. Damit hatte er nichts als Probleme gehabt, und damit hatte er einst – im Herbst 1953 in New York – sogar Ginsberg einen Schrecken eingejagt.

Zwei Wochen später erschien sein Science-Fiction-Western THE PLACE OF DEAD ROADS, in dem der schwule Revolverheld Kim Carsons den mythischen, berittenen Outlaw zum Fußgänger degradiert – er kann Pferde, genau wie sein Autor, nicht leiden und führt stets eine Rimbaud-Gesamtausgabe mit sich. Gelassen erledigt er einen Gegner nach dem anderen, mit wissenschaftlicher Gründlichkeit erkundet er den Grenzbereich von Schmerz und Lust, und ungerührt paart er sich auch mit Außerirdischen, die ihm in der Prärie begegnen. Im Grunde sind er und seine Kumpane ruhelose Untote, die es umtreibt in einer Zwischenwelt, in der das Raum-Zeit-Kontinuum durchlöchert und zersiebt ist vom Kugelhagel ihrer Gewaltorgien, mit denen sie sich den Weg in die Unsterblichkeit freischießen wollen - ein amerikanisches Totenbuch des zwanzigsten Jahrhunderts.

Mit Judith Malina, links, vom Living Theatre, neben ihr Allen Ginsberg, Victor Bockris und die Malerin Mary Beach, die mehrere Burroughs-Romane ins Französische übersetzt hat. Ihre Großtante Sylvia Beach hatte 1922 den Roman ULYSSES von James Joyce veröffentlicht. Limelight Café, New York, 1984. (Ira Cohen)

Die Kritiker waren wieder einmal entsetzt und empört. So kraß war ein amerikanischer Mythos schon lange nicht mehr demontiert worden.

Der Autor schoß unterdessen auf Spraydosen und Sperrholzplatten und schrieb bereits an seinem nächsten Buch. Auch sein schauspielerisches Talent ließ er nicht brachliegen: In dem Low-Budget-Straßenkrimi IT DON'T PAY TO BE AN HONEST CITIZEN, zu dem ihn der Regisseur Jacob Burckhardt nach New York holte, trat er an der Seite von Allen Ginsberg, der einen gerissenen Anwalt mimte, als Mafia-Don auf. Und mit Laurie Anderson tanzte er in ihrem Konzertfilm HOME OF THE BRAVE, der auch Burroughs-Texte verwendete, einen langsamen Walzer.

Der Pulitzer-Preisträger Ted Morgan, der an einer großen Burroughs-Biographie arbeitete, suchte ihn zu ausführlichen Gesprächen auf und ließ sich erklären, wie die Romane des Autors zustandekamen: "Alles, was ich schreibe, kommt aus dem psychischen Bereich. Man hat Satoris, Durch-blicke, Erleuchtungen. Ohne sie könnte ich kein Wort schreiben. Man setzt sich hin, und ein Licht geht an, und man sieht eine Szenerie oder eine Figur. Es ist, als würde man einen Film sehen, den man transkri-bieren kann. Man muß sich in einen Zustand versetzen, wo der Projektor *an* ist. Manche nennen es Inspiration. Für Hemingway floß in diesem Augenblick 'der Saft'."

Burroughs und Gysin mit dem Free-Jazz-Saxophonisten Ornette Coleman, der die Musik zu dem Film NAKED LUNCH kompo-nierte und spielte. In dem Bergdorf Joujouka, südlich von Tanger gelegen, hatte Coleman 1973 als erster mit Gysins "Pan-Musikern" zusammengespielt, einem Familienclan, dessen Musik auf mündli-cher Überlieferung beruht und eine mehr als zweitausendjährige Tradition hat. (Ira Cohen)

Mit Laurie Anderson und John Giorno, New York, 1980. (Marcia Resnick)

Daß Burroughs im Herbst 1985 seinen Roman QUEER aus dem Jahr 1952 zur Veröffentlichung freigab, lag nicht nur an dem großen zeitlichen Abstand zu den geschilderten Ereignissen – es sind die vier Wochen vor Joans gewaltsamem Tod –, sondern auch an der Überredungskunst seines neuen Agenten Andrew Wylie, der in seinem Metier ein As war und es fer-tigbrachte, den Marktwert seines Autors über Nacht zu verdoppeln. Für Leser und Kritiker war QUEER eine willkommene nostalgische Erinnerung an die zurückhaltende, reportagehafte Darstellungsweise und die unter-schwellige Präzision der Charakterzeichnung von JUNKIE. Doch das war Vergangenheit. In seinem neuen Roman wagte sich Burroughs als psychi-

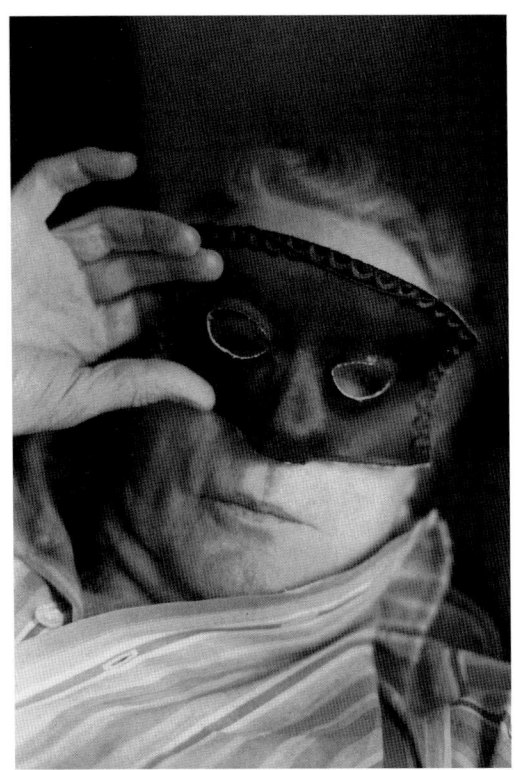

Brion Gysin mit Maske. (Ira Cohen)

scher Kundschafter weiter hinaus als je zuvor, und manchmal widerte ihn das Erwachen in der öden irdischen Realität so sehr an, daß er sich fragte, ob er überhaupt noch zurückfinden wollte. "Ich verstehe nicht", sagte er zu Ted Morgan, "wie man sich so elend fühlen und trotzdem weiterleben kann." Aber es mußte sein. Seine Rechtfertigung vor sich selbst war ein Leben als ständiges Experiment, als eine einzige Serie von Selbstversuchen, als stets von neuem unternommener Vorstoß in Grenzsituationen, in denen es riskant wurde.

Im April 1986 flog er mit James Grauerholz nach Europa, gab zwei Lesungen in Berlin und Bremen und besuchte in Paris seinen kranken Freund Gysin. Seit der Krebsoperation von 1974 mußte Gysin mit einem künstlichen Darmausgang leben, und nun litt er auch noch an einem schweren Lungen-Emphysem. Doch er war noch immer der fesselnde Geschichtenerzähler und überspielte seine bedrückende Lage mit Humor und gelassener Würde. Beim Abschied von Burroughs sagte er: "Komm nicht zu meiner Party." Es war ein Abschied für immer. Am 13. Juli starb er an Herzversagen.

Der Verlust des alten Freundes stieß Burroughs in so schwere Depressionen, daß er erst im Herbst die Arbeit an seinem Roman wieder aufneh-

Letzter Besuch bei Brion Gysin in dessen Wohnung gegenüber dem Centre Pompidou, Paris, 1986. (François de Palaminy)

Paris, Mai 1989. Burroughs hatte eine Ausstellung in der Galerie K und anschließend eine Vernissage in Rom. (Udo Breger)

men konnte. Was er in seiner freien Zeit malte, erinnerte jetzt an Gysins kalligraphische Bilder, und er war überzeugt, daß ihm der Geist des Toten die Hand führte. Die Freundschaft mit Gysin war die längste und intensivste nichtsexuelle Beziehung seines Lebens gewesen, und schon Mitte der fünfziger Jahre hatte er in Tanger einmal einen Pinsel in die Hand genommen und an die Wand seines Zimmers im Hotel Muniriya einen der von der arabischen Schrift inspirierten Action-Cluster gemalt, mit denen Gysin damals experimentierte.

1987 erschien sein Roman THE WESTERN LANDS, und der elegische Ton, in dem das Buch beginnt, ließ vermuten, daß es wohl sein letzter Roman sein würde. Die 'westlichen Gefilde' waren das Jenseits, an das die alten Ägypter glaubten, und die Seelenwanderung dorthin galt ihnen als die gefahrvollste aller Pilgerreisen. Im Mittelpunkt des Romans steht die unverkennbar autobiographische Figur eines alten Schriftstellers, der seit vierzig Jahren nichts mehr geschrieben hat und sich nun noch einmal als Chronist einer Expedition in unerforschte Welten versucht. Wieder ist es eine Expedition mit unbekannten Risiken und ungewissem Ausgang, und der Antrieb ist die Überzeugung, daß man wieder und wieder bis zum Äußersten gehen muß, weil am Ende vielleicht der Durchbruch zu einem neuen Leben in einer anderen Realität stehen kann. Doch am Ende des Buchs stehen die stoischen, fatalistischen Sätze: "Da bin ich also in Kansas mit meinen Katzen, wie der ehrenamtliche Agent eines Planeten, der vor Lichtjahren erlosch . . . Es gibt keine Evakuierung. Es gibt keinen wichtigen Auftrag. Jeder ist auf sich allein gestellt."

Burroughs konzentrierte sich jetzt ganz auf seine Malerei, und im Dezember 1987 hatte er in New York seine erste Ausstellung in der Tony Shafrazi Gallery, die beträchtliches Aufsehen erregte. Neben Beispielen seiner

Mit dem Maler Keith Haring in einer Gysin-Ausstellung der Tower Gallery, New York. (Ira Cohen)

"Shotgun"-Serie aus den vergangenen fünf Jahren waren auch Aquarelle und Tuschezeichnungen zu sehen, und der Kritiker der Zeitschrift FLASH ART befand: "Was wir in dieser Ausstellung sehen sind visuelle Prophezeihungen von Bevölkerungsexplosionen und unirdischen Halluzinationen. Sie geben sich grotesk und barock, sind jedoch gleichzeitig die engagiertesten Kunstwerke seit langem." Eines der Bilder war ein "Fluch auf Mohammed Mohatir", den Herrscher von Malaysia, der Junkies regelmäßig zum Tode verurteilen läßt.

Burroughs arbeitete inzwischen bereits an Mischtechniken mit Pinsel und Spraydose, eincollagierten Illustriertenfotos und Übermalungen, die

Bei einer Lesung in Fort Worth, Texas. (Ira Cohen)

Lawrence, Kansas. (Tim Forcade)

erkennen ließen, wie anregend seine Zusammenarbeit mit Robert Rauschenberg gewesen war. Zu seiner Vernissage in der Londoner October Gallery erschienen am 31. Mai 1988 der Maler Francis Bacon und der Schriftsteller J.G. Ballard (EMPIRE OF THE SUN), die Regisseure Nicholas Roeg und Bob Rafelson und der Musiker Genesis P-Orridge, der bei Auftritten seiner Gruppe Psychic TV die Cutup-Filme von Burroughs aus den frühen sechziger Jahren als Teil der Bühnenshow verwendete. Anschließend reiste er zu Ausstellungseröffnungen nach Amsterdam, Vancouver, Chicago und New York, und 1989 folgten Ausstellungen in St. Louis, Montreal, Toronto, Basel, Rom und Köln. Seine Bilder waren so erfolgreich, daß er nun mit der Malerei mehr verdiente als zuvor mit seinen Büchern.

Burroughs nach seiner Herzoperation im Garten seines Hauses in Lawrence, 28. Mai 1991. (Allen Ginsberg)

Doch Bücher erschienen auch weiterhin: INTERZONE enthielt frühe Prosa aus Tanger und einen unveröffentlichten Teil des ursprünglichen Manuskripts von NAKED LUNCH; THE CAT INSIDE, mysteriöse Katzengeschichten mit Illustrationen von Brion Gysin, erlebte mehrere Auflagen; und in GHOST OF CHANCE, einer Kollaboration mit dem amerikanischen Maler George Condo, ging es um die vom Aussterben bedrohten Lemuren von Madagaskar.

Der international operierende Theaterregisseur Bob Wilson konnte ihn 1990 als Textautor für das Projekt BLACK RIDER gewinnen, eine freie Bearbeitung der alten deutschen Freischütz-Legende, zu der Tom Waits die Musik komponierte. Die Premiere im Hamburger Thalia Theater riß das Publikum zu einer halbstündigen stehenden Ovation hin.

In DRUGSTORE COWBOY von Gus Van Sant, der seither die Filmrechte an dem Roman THE WILD BOYS erworben hat, trat Burroughs als alter Ex-Junkie auf, der dem jungen Matt Dillon einige sarkastische Einsichten aus seinem reichen Erfahrungsschatz vermittelt. Im September 1990 eröffnete

Seite 110: Bei den Proben zu THE BLACK
RIDER. Foto, oben: von links nach rechts,
Jürgen Flimm (Intendant des Thalia
Theaters), Robert Wilson und William
Burroughs. (Elisabeth Henrichs)
Seite 111: Robert Wilson, William
Burroughs, Tom Waits, Hamburg, 1990.
(Ralph Brinkhoff)

THE BLACK RIDER

**Der Regisseur Robert Wilson hatte
die Idee, der Rockmusiker Tom
Waits komponierte die Musik,
William Burroughs schrieb den**

**Text. Das Ergebnis war THE BLACK
RIDER, die Freischütz-Legende als
expressionistisches Musical. Die
Weltpremiere (Produktionskosten: 1
Million DM) am 31. März 1990 im
Hamburger Thalia Theater war das
Ereignis der Saison. THE BLACK
RIDER wurde anschließend im
Théatre du Châtelet in Paris
aufgeführt und 1993 in der Brooklyn
Academy of Music.**

ein amerikanischer Burroughs-Fan in Tokio eine Disco namens "The Bunker", die eine exakte Nachbildung des Lofts in der Bowery 222 war, mit stroboskopischen 'Traum-Maschinen' an der Decke, Burroughs-Texten an den Wänden und Burroughs-Filmen auf Video – ein bizarrer Auswuchs seines internationalen Kultstatus. Die Japaner, berichtete ihm ein Bekannter, der die Disco-Eröffnung zufällig miterlebt hatte, betrachteten ihn als den "Paten des Cyberspace".

Im Sommer 1991 mußte sich der Siebenundsiebzigjährige einer dreifachen Bypass-Operation am Herzen unterziehen, und wenige Tage danach erlitt er bei einem Sturz auch noch einen Beckenbruch. Das war ärgerlich, aber der alte Stoiker ließ sich davon nicht lange zurückwerfen. In den ersten Wochen nach seiner Entlassung leistete ihm Allen Ginsberg Gesellschaft und ging mit ihm zu einer Geisteraustreibung bei einem Medizinmann der Sioux. Burroughs' trockener Kommentar am nächsten Morgen: "Tja, er hat gesagt, ich war der hartnäckigste Fall, den er je hatte."

Im Tonstudio bei einer Aufnahme für die CD SPARE ASS ANNIE, Lawrence, 1993. (Jon Blumb)

Das ganze Jahr hatte man über das geheimnisumwitterte Filmprojekt "Naked Lunch" spekuliert, von dem nur nach außen gedrungen war, daß 'Robocop' Peter Weller die Hauptrolle spielte und Marokko für Außenaufnahmen ausfiel, weil dort die islamischen Fundamentalisten gerade den Aufstand probten. Der Film, der schließlich im Dezember in die amerikanischen Kinos kam, hatte mit dem Buch nur wenig zu tun und war in erster Linie ein David-Cronenberg-Film. Doch an eine Verfilmung des Romans wäre ohnehin nicht zu denken gewesen, und Burroughs, der sich aus dem Projekt völlig herausgehalten hatte, fand den Versuch des Regisseurs, sich die Entstehung von NAKED LUNCH im Kopf des Autors vorzustellen, zumindest interessant.

Seit sechs Jahren schreibt er nun keine Bücher mehr, aber es erscheinen noch Nachträge, die für das Verständnis seines Werks wichtig sind. Ein

Mit Regisseur David Cronenberg auf dem
Set von NAKED LUNCH. (Jugendfilm-
Verleih)

erster Band seiner Korrespondenz, mit Briefen an Paul Bowles, Ginsberg, Kerouac und andere aus den Jahren 1945 bis 1959, liegt bereits vor. In Vorbereitung ist eine Auswahl aus seinen Traumtagebüchern, die er seit dreißig Jahren führt und die das Ausgangsmaterial für seine Romane seit THE WILD BOYS enthalten.

Das Nachrichtenmagazin TIME hat ihm einmal widerstrebend und halb bewundernd ein "exemplarisch verkorkstes Leben" attestiert. Grotesker könnte der Irrtum kaum sein. Er hat nur stets nach der gesunden pessimistischen Devise gelebt: Rechne mit dem Schlimmsten, und verhalte dich entsprechend. Statt zu resignieren hat er diesen Pessimismus als Antriebsaggregat benutzt und in grandiosen Texten und Bildern produktiv gemacht.

Die Menschheit ist für ihn nicht nur ein Fehlversuch der Evolution, sondern eine Gattung, die sich selbst zum Aussterben verurteilt, und darum ist die Gesellschaft zur Rettung bedrohter Tierarten die einzige, die von ihm Geld bekommt. Das hat eine innere Konsequenz, die unwiderlegbar ist.

Und auch im achtzigsten Lebensjahr hält er noch immer den Widerspruch aus, daß er wie im Rausch phantastisch wuchernde Wortgemälde entwirft und gleichzeitig ein Programm zur Entwöhnung von Sprache verordnet, weil Sprache ein Virus ist, das sich nur selbst reproduziert.

"Die Welt ist nicht mein Zuhause", sagt er. Sein Zuhause ist der Ausnahmezustand.

Wahrscheinlich würde er auch für sich den knappen Satz gelten lassen, mit dem die 82jährige Bildhauerin Louise Bourgeois vor kurzem ihr Leben und Werk kommentiert hat: "Das Unerträgliche ist mein Metier."

Lawrence, Kansas, 1993. (Nelson Lyon)

CRAZY WISDOM

Glen Burns

Zwar ist die Vita des Autors bisweilen so turbulent verlaufen, daß sie manchen Zeitgenossen stärker beeindruckt als sein literarisches Oeuvre, doch sollte dies
nicht den Blick dafür trüben, daß wir es bei William S.
Burroughs mit einem klassischen 'Homme de Lettres' zu
tun haben, mit anderen Worten mit einem Schriftsteller,
dessen narratives Universum aus sich heraus verständ-
lich ist und die Kenntnis der Vita seines Schöpfers nicht
nötig hat.

Burroughs auf diese Weise ernst zu nehmen, bedeutet
auch, sich mit dem auseinanderzusetzen, was er an
Kommentaren zu seinem literarischen Oeuvre publiziert
hat. Zuletzt: "Beim Schreiben war es immer meine
Absicht, menschliche Möglichkeiten und Absichten in
Bezug auf das Zeitalter der Raumfahrt darzustellen."

Nun ist sicher richtig, daß es Burroughs Lesern mit tradi-
tionellen Vorstellungen von narrativer Kohärenz nicht
gerade einfach macht, sich in seinen Romanen und
Erzählungen zurechtzufinden und ihnen deshalb nicht
nur die besagten "Möglichkeiten und Absichten" weitgehend verborgen geblieben sind. Ihnen sei geraten, mehr
auf Burroughs' eigentümliche Erzählstimme zu achten
und sich vor der erneuten Lektüre vielleicht eine der (in
der Discografie im Anhang verzeichneten) Tonaufnah-
men des Autors anzuhören. Danach wird man sogleich
verstehen, was es heißt, daß Burroughs' kleinste Er-
zähleinheit die 'Routine' ist, eine Art Sketch oder Kaba-
rett-Nummer (von umwerfender satirischer Komik) und
seine 'Romane' genannten Bücher im wesentlichen
nichts anderes sind als längere Folgen thematisch ver-
wandter 'Routines'.

Für diese collage/montage-artige Schreibweise hat sich
in der kritischen Literatur über Burroughs seit einiger
Zeit der Begriff des 'Kartografierens' eingebürgert – ein
Echo auf das wohl bekannteste Diktum des Autors: "Ein
Schriftsteller kann immer nur über eines schreiben: was
seine Sinne im Augenblick des Schreibens wahrnehmen
. . . Ich bin ein Aufnahmegerät, das Sinneseindrücke re-
gistriert . . . Ich maße mir nicht an, dem Leser eine 'Story',
eine 'Handlung', eine 'Kontinuität' aufzunötigen .
. . Nur sofern es mir gelingt, gewisse psychische Vor-
gänge direkt   aufzuzeichnen, mag ich eine begrenzte
Funktion haben . . . Ich bin kein Entertainer . . . "

Hält man sich an diese Wegweisung des Autors, so sind
seine 'Romane' als nüchterne 'Fallstudien' zu lesen, als
quasi-wissenschaftliche Analysen, die bestimmte (und
meist allzugern verdrängte) Bereiche psychischen Erle-
bens erkunden – Protokolle bewußt gemachter Bewußtseinsströme also. Weshalb Burroughs an anderer Stelle
von sich behaupten konnte, er sei ein "Cosmonaut of
Inner Space"; und weshalb sich alle seine 'Romane' und
'Erzählungen' – in letzter Konsequenz – als Teile eines
einzigen Projekts verstehen lassen, dem nämlich, das
eigentümliche Funktionieren des menschlichen Bewußt-
seins möglichst umfassend und strukturgetreu abzubil-
den.

Aus dieser Perspektive ist nun auch offensichtlich, daß
Burroughs mit WESTERN LANDS, seinem vorerst letzten
Roman, bis an die Grenzen dessen vorgestoßen ist, was er
sich als Schriftsteller vorgenommen hatte: bis zu den
"Gefilden der Unsterblichkeit" vorzudringen – und das
nicht nur im metaphorischen Sinn.

Mancher Leser mag eine solche Absicht gerade bei Burroughs überraschend finden. Aber dieser Autor ist in seiner Verteidigung metaphysischer Werte immer kompro-
mißlos gewesen: "Und weit schlimmer als das falsche
Versprechen des Christentums ist das Verleugnen *jedwe-
der* spirituellen Dimension, wie es die trostlose Lehre des

Kommunismus vorführt."

Wenn wir jetzt davon ausgehen, daß die Architektur von Burroughs' literarischem Universum so gut wie abgeschlossen ist, und uns nun dessen einzelnen Teilen zuwenden, folgen wir einer chronologischen Einteilung seines Oeuvres, die er selbst vorgenommen hat:

1. JUNKIE (1953) und QUEER (1953); 2. NAKED LUNCH (1959); 3. THE SOFT MACHINE (1961), THE TICKET THAT EXPLODED (1962) und NOVA EXPRESS (1964); 4. THE WILD BOYS (1971), PORT OF SAINTS (1973), EXTERMINATOR! (1973) und AH POOK IS HERE (1979); 5. CITIES OF THE RED NIGHT (1981), THE PLACE OF DEAD ROADS (1983) und THE WESTERN LANDS (1987).

Seit Burroughs von seinen Freunden Allen Ginsberg und Jack Kerouac zum Schreiben ermutigt wurde, handelten seine Texte primär von den ständigen Bedrohung durch Kontrollsysteme. Zuerst ging es ihm darum, diese zu beschreiben. Burroughs widmete sich dieser Aufgabe mit dem Enthusiasmus eines Anthropologen oder Mediziners (zwei Berufe, deren Grundwissen er sich tatsächlich an der Universität erworben hatte), wobei er mutigerweise den eigenen Körper als primäres Studienobjekt benutzte. Sein medizinisches Wissen prädestinierte ihn dann zum Kenner von psychotropen Drogen und – für ein Dutzend Jahre nebst mehrerer Rückfälle – zum Junkie. Und als Anthropologe fühlte er sich zu den Rändern der Gesellschaft hingezogen, einer Welt weitab der

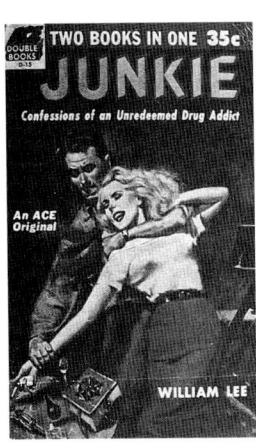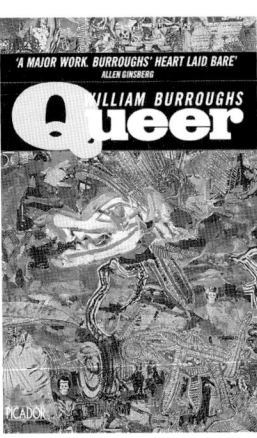

anständigen Patrizierklasse, in die er hineingeboren war. Die literarischen Früchte dieser "wissenschaftlichen" Forschungen waren einmal das Protokoll seiner Heroinsucht in JUNKIE, zum anderen das einer verstörenden 'amour fou' in QUEER. In beiden Büchern erscheint der Körper wie von externen Instanzen überfallen, die seine

Abwehr einfach außer Kraft setzen. Obwohl Burroughs die literarische Qualität dieser Bände nicht besonders hoch einschätzt, trifft er in JUNKIE doch den lakonischen Ton seiner Vorbilder Dashiell Hammett und Raymond Chandler sehr genau. Und daß er QUEER, dieses minutiöse Geständnis einer hoffnungslosen (schwulen) Liebesaffäre, nach jahrzehntelangen Zweifeln doch noch zur Veröffentlichung freigab, nötigt Respekt ab.

In NAKED LUNCH wird das Motiv der Invasion des Einzelnen durch externe Mächte zu einer umfassenden Analyse gesellschaftlicher Zustände erweitert. Als zentrales Prinzip erscheint hier die "Algebra des Verlangens" (algebra of need) – die nackte Not, einen Schuß Heroin zu bekommen, die den Abhängigen dazu bringen kann, sämtliche Normen akzeptablen menschlichen Verhaltens zu übertreten. Mit dieser Formel nahm Burroughs viel von dem vorweg, was später von Kulturkritikern wie Herbert Marcuse, Norman O. Brown und Michel Foucault über die Manipulation von Macht und die Dialektik von "Not" und "Verlangen" ausgeführt wurde (obwohl es niemand so knapp auf den Punkt brachte wie Bob Dylan mit seiner Zeile "Your debutante knows what you need, but I know what you want").

Als Metapher meint die "Algebra des Verlangens" nun jene bekannte gesellschaftliche Realität, die in der Konsumgesellschaft der Gegenwart schon sprichwörtlich geworden ist, daß nämlich die Mehrheit in Abhängigkeit gehalten wird von "Produkten", deren Distribution eine Minderheit monopolisiert hat, die diese nur in solchen Dosierungen austeilt, daß der Konsument im besten Falle nie wirkliche Befriedigung erfährt, schlimmstenfalls aber paranoid und gemeingefährlich werden kann. So findet man in NAKED LUNCH neben der Drogensucht die Abhängigkeit von Macht, Sex, Geld, Bildern und Wörtern, um nur einige zu nennen – alle verzahnt zu einem perfekten System, aus dem kein Entrinnen möglich scheint.

Für Leser, die bereit sind, die "Algebra des Verlangens" als Grundprinzip eines umfassenden Kontrollsystems zu akzeptieren, sich aber an der häufigen Beschreibung analer Sexualität stören (die Burroughs' Romane wie ein Grundbaß durchpulsen), sei angemerkt, daß die Unterdrückung homosexuellen Verlangens ein weiterer zentraler Aspekt des Systems ist. In phallokratischen Kulturen wie der unseren ist der Anus in den Bereich des privaten Schamgefühls verwiesen und das einzige legitime Objekt des Verlangens die Vagina. Und wo es darum geht, das Verlangen bis zum Delirium zu treiben, um es von der Not zu befreien, hat niemand die Konzepte der Radikalen Theoretiker Frankreichs schlagender vorgeführt als Burroughs. Der derbe Humor, mit dem er die Partialobjekte freisetzt – Beispiel: die "talking-asshole"-Routine von NAKED LUNCH – reterritorialisiert jenen Raum, der von den Kontrollsystemen permanent kassiert wird, die so effektiv darin sind, das Verlangen im Rahmen der bürgerlichen Familie und des Nationalstaates zu kanalisieren. Was wieder einmal zeigt, wieviel Burroughs von den Themen vorweggenommen hat, die später im Zentrum poststrukturalistischer Theorie auftauchten.

Schon in JUNKIE machte es die seltsame Symbiose von Drogensüchtigen und Drogenfahndern schwer, zu entscheiden, wo die Grenzlinien zwischen "Gut" und "Böse" verliefen. In NAKED LUNCH ist diese schmale Linie vollends verwischt. Agenten werden von der gegnerischen Seite angeworben, Doppelagenten einmal mehr umgedreht. Neben der "Nova Police", die "sauber" zu sein scheint (obwohl auch sie ihre zwielichtigen Figuren hat), treten diverse andere Polizeitruppen auf, die in der

einen oder anderen Weise süchtig sind und sich gegenseitig bekämpfen.

In der auf NAKED LUNCH folgenden Roman-Trilogie aus THE SOFT MACHINE, THE TICKET THAT EXPLODED und NOVA EXPRESS verläuft dieser interne Kampf der Ordnungskräfte zwischen dem "Nova Mob" und der "Nova Police". Ihre Auseinandersetzung ist von intergalaktischer Dimension: Der "Nova Mob" – aus einer fernen Galaxie – hat mittels einer verheerenden Virusepidemie die Kontrolle über das Raumschiff Erde an sich gerissen. Inspektor Lee (das alter ego des Autors) identifiziert dieses Virus als "das Wort", die menschliche Sprache. Lee und seine Nova Police sehen sich gezwungen, im Kampf gegen das Virus (und die Verschwörung des "Nova Mob") zu Guerilla-Taktiken zu greifen. Denn sie müssen vor allem versuchen, die sprachlichen Kommunikationsströme auf der Erde zu unterbrechen, oder besser noch zu unterbinden.

Ihre effektivste Waffe dabei ist das "Cut-Up" – eine Methode, die sowohl in der Handlung der Romane eine Rolle spielt, als auch von Burroughs bei der Herstellung der Romane benutzt wurde.

Mit den von ihm praktizierten Techniken des Cut-Up und Fold-In reiht sich Burroughs in eine lange Tradition moderner Sprachexperimente von Dadaismus über Surrealismus und Lettrismus zur Konkreten Poesie der fünfziger Jahre ein. Weshalb für die akademische Kritik, als sie auf Burroughs aufmerksam wurde, zunächst dessen experimentelle Schreibweise im Mittelpunkt des Interesses stand. Doch da war Burroughs schon wieder einen Schritt weitergegangen: "Ich habe die Arbeit mit der Cutup-Methode schon in den sechziger Jahren abgeschlossen und verwende sie in meinen späteren Werken nur noch selten." Denn wie einige seiner wohlwollenderen Rezensenten hatte Burroughs die Gefahr gesehen, mit dem exzessiven Gebrauch der Cutup-Methode am Ende in einer literarischen Sackgasse zu landen. "Ich trieb jedes Experiment sehr weit", schrieb er damals, "um dann zurückzukommen. Und so bin ich jetzt weitgehend zur konventionellen Erzählprosa zurückgekehrt."

Das erste Ergebnis dieser Neuorientierung war der Zyklus THE WILD BOYS, PORT OF SAINTS, EXTERMINATOR! und AH POOK IS HERE. Zwar handelt er immer noch vom Hauptthema der vorangegangenen Trilogie – der biologischen Mutation als einer Voraussetzung für das Reisen im Raum. Aber indem Inspektor Lee von der "Nova Police" als alter ego des Autors durch Audrey Carsons (Burroughs' Selbstbild als Jugendlicher) ersetzt wird, tritt

"WSB and his Gilded Cobra". New York,
ca. 1968. (Ira Cohen)

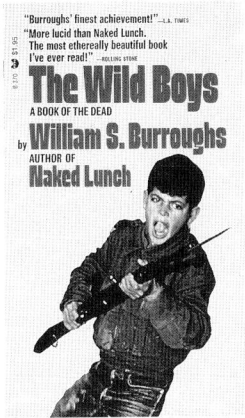 

 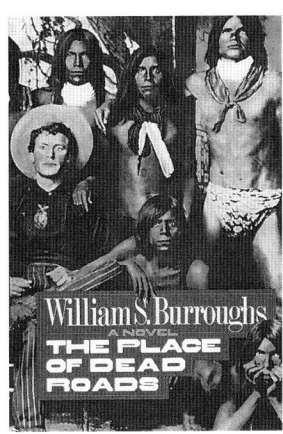

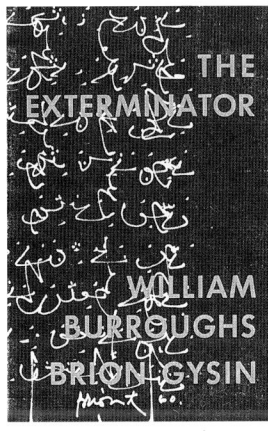 

auch die Bedeutung von Schmerz und Erniedrigung zugunsten von Genuß und freiwilligem Risiko in den Hintergrund. Anstelle negativer Suchterfahrungen rückt jetzt eine positiv akzentuierte Sexualität ins Zentrum der Erzählungen. Und schließlich erweitert Burroughs auch noch den Fundus trivialer Literaturformen, aus dem er sich mit Versatzstücken für seine Romanhandlungen bedient, um die Genres des Abenteuer-, Freibeuter- und Westernromans, deren Phantasmagorien von Freiheit und Libertinage er gewitzt für seine eigenen Zwecke adaptiert.

Allerdings muß sich ein Autor, der "die Macht utopischer Phantasie zur Eroberung der dystopischen Realität" erfolgreich ins Feld führen will, heute einer Schreibweise bedienen, die auf ironische Weise selbst-reflexiv bleibt und uns die Grenzen der Phantasie ständig vor Augen hält – was Burroughs durch die komplizierte Verschachtelung der Handlungsfäden, Erzähl- und Realitätsebenen seiner Romane seit THE WILD BOYS auf immer virtuosere Weise bewerkstelligt.

Schließlich markiert THE WILD BOYS auch noch den Schwenk zu einer eher optimistischen Weltsicht. Wie wir sahen, führten die Analysen der "Algebra des Verlangens" (von JUNKIE bis NOVA EXPRESS) Burroughs zu einer extrem pessimistischen Einschätzung der Möglichkeiten, dem Einfluß der von ihm aufgezeigten Kontrollsysteme zu entrinnen. Dieser negativen Utopie stellt er jetzt eine positive entgegen, die ihre Wurzeln in dem Arkadien junger Krieger aus THE WILD BOYS hat, das Burroughs selbst als "eine Art homosexuelle Peter Pan-Welt" charakterisierte. Denn deren "relative unbeschwerte" Atmosphäre" – so Burroughs – ist auch die Stimmungslage, mit der er sich dann – in seiner (vorerst) letzten Roman-Trilogie – auf die Suche nach einer umfassenderen positiven Utopie macht.

Wo Burroughs Ansätze einer solchen Utopie sieht, macht er schon im Vorspann zu CITIES OF THE RED NIGHT deutlich, dem ersten Band dieser letzten Trilogie. Dort heißt es: "Ich postuliere eine Sozialstruktur, die eine maximale Variation kleiner Gemeinschaften bietet und damit im Kontrast zur Uniformität steht, wie sie von Industrialisierung und Überbevölkerung erzwungen wird."

Auf der Erzählebene finden sich dann drei kunstvoll ineinander verschachtelte Handlungsstränge. Der erste führt uns in eine Piratenkommune und ist im Stil eines Jugendbuchs verfaßt. Der zweite, eine Science-Fiction-Story, spielt in einer prähistorischen Stadt. Und der dritte offeriert eine Detektivgeschichte der "hartgesottenen" Art aus der Gegenwart. Zusammengehalten werden sie durch einen gemeinsamen Erzähler – Audrey Carsons, den man (nebst seiner waffentüchtigen Horde) noch aus THE WILD BOYS kennt. Wie Antikörper im verseuchten Blut können sich diese "Wilden Jungs" frei durchs Zeitkontinuum bewegen und werden nun ausgeschickt, um die falschen Wendungen im Verlauf der Geschichte zu korrigieren, durch die Ansätze zu kommunitärer Lebensweise, wie sie Burroughs als Ideal vorschweben,

Filmszenen aus THE GHOSTS OF No.9 und
TOWERS OPEN FIRE von Anthony Balch.
(Burroughs Archiv)

zunichte gemacht wurden. Wozu für Burroughs insbesondere die vergeblichen Versuche von Piraten des 18. Jahrhunderts zählen, entlang der Küsten Afrikas und Amerikas eine Kette von Siedlungen mit egalitärer Verfassung anzulegen. Denn "die Chance", so der Autor, "in einer Kommune deiner Wahl mit Gleichgesinnten zu leben, starb mit Captain Mission" – den Burroughs nach einem der Anführer der erwähnten Piraten modellierte. Weitere Ansätze für ein Gegenmodell zum Industriekapitalismus mit seiner Jeder-gegen-Jeden-Mentalität ortet Burroughs bei der populistischen Agrarbewegung der USA im letzten Drittel des vorigen Jahrhunderts, dem gemeinschaftlichen Versuch der Kleinbauern– vor allem des Mittleren Westens –, den Aufstieg einer landwirtschaftlichen Großindustrie zu verhindern. Die personifizierten "good guys" sind hier die "Johnsons": Leute, die im richtigen Augenblick das Richtige tun und sich nicht in die Angelegenheiten anderer einmischen.

Mit THE PLACE OF DEAD ROADS lieferte Burroughs dann seinen lange versprochenen Western. Die zentrale Episode ist ein Duell zwischen Mike Chase und einem Western-Autor namens William Seward Hall, der unter dem Pseudonym Kim Carsons schreibt. Carsons hat die Aufgabe, ein Loch in die Textur der Realität zu schießen, durch das Hall dem ihm vorbestimmten Tod entkommen kann, was ihm aber nicht gelingt.

Denn Kims Reisen vor und zurück in der Zeit, um Fehler der Geschichte zu korrigieren und zukünftige Irrtümer zu vereiteln, resultieren in der Erkenntnis, daß alle Straßen der Erde in Sackgassen münden und es deshalb nur darum gehen kann, den irdischen Körper abzustreifen und den Planeten endgültig hinter sich lassen: "Unser kleiner Krieg hier entpuppt sich mithin als Kampf zwischen denen, die in den Raum müssen oder sterben, und jenen, die – wegen ihrer parasitischen Natur – sterben werden, wenn wir gehen."

Im letzten Teil von THE PLACE OF DEAD ROADS begann Kim Carsons mit dem Studium des 'Ägyptischen Totenbuchs', das dann im Folgeband THE WESTERN LANDS, Burroughs' letztem Roman, das Leitmotiv der Handlung bildet. Wie auch der Begriff der "Westlichen Gefilde", der dem Roman als Titel dient, diesem Totenbuch entnommen ist, wo er eine Art Raststätte für die Verstorbenen auf ihrem Weg ins Paradies bezeichnet.
Kim soll nun herausfinden, woran das ägyptische Projekt der Unsterblichkeit gescheitert ist. Sein Fazit: Es schei-

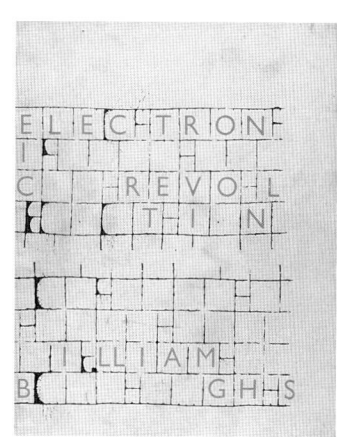

terte an seiner elitären Natur – Unsterblichkeit war dort bloß für den Adel vorgesehen. Was Kim zum Schluß kommen läßt, daß grundsätzliche Veränderungen in der Welt erst dann möglich sein werden, wenn die "Johnsons" gegenüber den "Scheißern" die Oberhand gewinnen. Und warum soll das nicht irgendwann doch noch gelingen? Denn Utopien darüber, wie das menschliche Zusammenleben besser als bisher zu organisieren sei, gibt es genug, wie Burroughs in THE WESTERN LANDS anhand von mehreren (fiktiven) "Akademien" nachweist, für die er sich die Anregungen bei Zen- und Ninja-Klöstern, Guerilla-Camps etc. holte.

Strukturiert ist THE WESTERN LANDS nach demselben Prinzip der virtuosen Verschachtelung diverser Handlungsstränge, das auch die beiden vorausgegangenen Bände seiner letzten Roman-Trilogie charakterisierte. Mehr denn je erzeugt dieses Prinzip hier aber den Eindruck, es werde ständig Anlauf genommen, ohne dabei ein wirkliches Ziel zu erreichen.
Diese Technik des kontinuierlichen Neubeginns bezeugt einerseits Burroughs unermüdliche Bereitschaft, sich durch Sackgassen nicht entmutigen zu lassen, ist andererseits aber auch das nüchterne Eingeständnis, daß wesentliche Fortschritte kaum möglich sind: "Es gibt kein Entkommen. Wir haben keinen wichtigen Auftrag." Damit jenseits von Illusionen angelangt und durch einen Erzählton distanzierter Ironie gegen jede weitere Desillusionierung gewappnet, hat er trotzdem einen bedeutenden Gewinn zu verbuchen. Auch wenn er noch nicht in den "Westlichen Gefilden" angekommen ist, so weiß er doch, wo er sich befindet und was er erreicht hat - "eine Folge bescheidener Ziele, die zu einer Serie bescheidener Erfolge geführt haben, die sich ab einem gewissen Punkt zu einem recht erheblichen Fortschritt summierten".

In Burroughs' literarischem Oeuvre geht es vor allem darum, jenen archimedischen Punkt zu finden, von wo aus man die Wirkung der Kontrollsysteme neutralisieren kann. Und das setzt eine ganz eigene Medientheorie voraus, die Burroughs auch lieferte. Bis vor kurzem wurde sie allerdings kaum wahrgenommen - eine Blindheit, die nicht weniger fatal ist als die gegenüber der unverminderten Aktualität von Marshall McLuhan. Aber das scheint sich jetzt zu ändern: Bei der diesjährigen Multi-Mediale in Karlsruhe zeichnete das Zentrum für Kunst und Medientechnologie Burroughs nämlich mit seinem Medienkunst-Hauptpreis aus. Bei allem Lob, das man ihm dort für seine Pionierleistungen auf dem Gebiet der Medien-Künste zollte, blieb indes offen, in welchem Kontext Burroughs denn als Medientheoretiker zu sehen ist. Ein guter Vorschlag dazu wäre sicher: Als Konvergenzpunkt der Medientheorien von McLuhan, Guy Debord und Jean Baudrillard!

Wie dem auch sei – falls die jüngste Ehrung und deren Begründung symptomatischen Charakter haben, wird sich das Interesse an Burroughs' Medientheorie zunächst wieder auf seine Cutup-Experimente konzentrieren und dabei die magischen Elemente seiner Weltsicht ebenso vernachlässigen, wie es schon die Literaturkritik tat, die dem Stellenwert der intensiven Lektüre Aleister Crowlys in jungen Jahren, der schamanistischen Séancen unter Yage in Südamerika, der Begegnung mit schwarzer Magie in Marokko und des Vertrauens in Träume durch alle Lebensphasen, sowie seiner Bereitschaft, abseitige Theorien (wie die Orgon-Hypothese Wilhelm Reichs oder die Scientology Ron Hubbards) auf ihren praktischen Wert hin zu überprüfen, bislang noch so gut wie keine Aufmerksamkeit geschenkt hat.

Auf längere Sicht wird aber kein Weg daran vorbeiführen, auch die magischen Elemente in eine Interpretation des Burroughs`schen Oeuvres zu integrieren. Denn der Versuch, einen rationalen Kern aus ihm herauszupräparieren und diesen als den 'wahren Burroughs' anzubieten, ist letztlich zum Scheitern verurteilt und behindert das Verständnis des Autors mehr, als es ihm förderlich wäre.

Nun ist es sicher richtig, daß Burroughs zu den Köpfen zählt, die das Projekt der Postmoderne in theoretischer wie literarischer Hinsicht ganz wesentlich vorangetrieben haben. Weshalb es seine Berechtigung hat, Burroughs' Oeuvre in Beziehung zu den (zeitgleichen und thematisch verwandten) strukturalistischen Untersuchungen von Jaques Derrida, Roland Barthes und Julia Kristeva etc. zu setzen, wie es eine Gruppe jüngerer Literaturwissenschaftler in Frankreich und den USA mit unterschiedlichem Erfolg versucht hat (siehe die Textsammlung von Jennie Skerl und Robin Lydenberg, BURROUGHS AT THE FRONT). Ihr Pech ist nur, daß die kulturelle Entwicklung jetzt, da sie ihm endlich einen festen Platz im akademischen Pantheon der Postmoderne (zu deren Kartografierung er soviel beitrug) zugewiesen haben, schon wieder ein Stück weiter ist, so daß ihre Anstrengungen reichlich verspätet wirken – und das umso mehr, als sie nur den rationalen (also halben) Burroughs berücksichtigen.

Vermutlich wird sich der 'ganze Burroughs' nur einem post-postmodernen Denken erschließen, für das es erste Anzeichen schon in Büchern wie den Cyberpunk-Romanen eines William Gibson gibt, wo man die Kälte digitaler Welten mittels rastafarischer Spiritualität aufgeheizt findet. Oder in den Büchern von Carlos Castaneda, deren Universum nach ebenso magischen Gesetzen funktioniert wie das von Burroughs' letzter Roman-Trilogie. Oder – und das schon seit Jahrhunderten – in der Lehre der "Verrückten Weisheit" (crazy wisdom) des Vajrayana-Buddhismus aus Tibet, wie sie Chögyam Trungpa Rinpoche (gestorben 1986) im Westen verbreitete, der zu seinen wichtigsten Schülern auch Allen Ginsberg zählte. In dieser "Verrückten Weisheit" vermischen sich nämlich östliche Mystik und schamlose Rebellion gegen jedwede Art gesellschaftlicher Konvention zu einer dekonstruktiven Brisanz, von der das poststrukturalistische Denken (bis auf Jean Baudrillard vielleicht) noch meilenweit entfernt ist.

Bis unser Radikales Denken hier aufgeholt hat, dürfte der beste Zugang zu Burroughs, diesem pragmatischen amerikanischen Romancier, wohl über die (längst dekonstruierten) Kategorien der Aufklärung verlaufen. Siehe Theodor Adorno: "Das geschichtliche Moment ist den Kunstwerken konstitutiv; die authentischen sind die, welche dem geschichtlichen Stoffgehalt ihrer Zeit vorbehaltlos und ohne Anmaßung über ihr zu sein sich überantworten. Sie sind die ihrer selbst unbewußte Geschichtsschreibung ihrer Epoche; das nicht zuletzt vermittelt sie zur Erkenntnis." Denn wer könnte Burroughs In-Authentizität vorwerfen oder die Weigerung, sich auf die Geschichte seiner Zeit einzulassen.

(Aus dem Amerikanischen
von Barbara Heine und Marcel Beyer)

Mit Timothy Leary, Lawrence, Kansas.
13. März 1987. (Philip Heying)

DAS LEBEN IST EIN COMIC STRIP

Timothy Leary

Das Wiederlesen von William S. Burroughs hat mich wieder-erweckt und einmal mehr daran erinnert, daß Burroughs einer der drei literarischen Giganten ist, die die englische Sprache des 20. Jahrhunderts gespalten, aufgelöst, umgestaltet, digitalisiert haben. Und sie in holographischen Bildern ins 21. Jahrhundert strahlten. Dieser Amerikaner William Burroughs, sein Landsmann Thomas Pynchon und der Ire James Joyce sind die Alchemisten, die Quantendynamik und Chaostheorie auf die Linguistik anwandten. Diese drei Hexenmeister sind keine Schriftsteller, sie sind Sprach-Prozessoren.

So wie die Gleichungen der drei großen deutschen Wissenschaftler Einstein, Heisenberg und Planck die Newton-Axiome zu provinziellen Regeln erklärten und feste, molekulare, atomare Materie in Cluster-Wellen elektronischer Information auflösten, so spalteten Joyce, Pynchon und Burroughs mit der Präzision eines Lasers die grammatischen Strukturen und die semantische Maschinerie der klassischen Sprache Shakespeares.

Seit 1950 wirkt Burroughs als hellseherischer Archäologe, als geheimer, entfremdeter Spion, der vom Wesen des Menschen berichtet, wie er es in der schäbigen, sandigen, schmutzigen Unterwelt der Hafenstädte und in den Zwischenzonen des kulturellen Schwarzmarkts beobachtete: in Tanger, Mexico-City, Panama City, Paris, London oder Quito.

Burroughs beschreibt visionäre Landschaften, detaillierte Soziologien imaginärer Stämme und Städte; Science-Fantasy-Duschen von dampfend heißem, silbrigen Sperma, verspritzt von venusianischen Transvestiten mit einer Haut aus Platin. "Der jordanische Soldat, verurteilt, weil er eine Karte der Kasernen heimlich an jüdische Agenten verkauft hat, auf dem Marktplatz von Amman gehängt, krabbelt auf das Achterdeck des Galgens, um den Schwarzen Windsack des Insect Trust zu hissen." Und so weiter . . .

Bill Burroughs ist ein meisterhafter Journalist, weil er in seiner Sprache beschreibt, was wirklich im Leben bestimmter Menschen geschieht: Danny, der rauschgiftsüchtige Autowäscher, die Luden und Betrüger im Socco Chico, Heroin-Entziehungskuren im Benchimal Krankenhaus. Und so weiter . . .

Und wovon handelt die Story? Nun, es ist eine wilde Satire. Eine sture, saure, zornige, zynische Entlarvung der offiziellen Heuchelei, puritanischer Unterdrückung, religiöser Autorität. Ein kühler, trockener, schaler, fast zärtlicher Blick auf die Ausgestoßenen, die Enteigneten, die Schattenexistenzen der Unterwelten. Ein müdes Hurra für die Menschheit in all ihren chaotischen Formen. Wichtiger jedoch als das rohe, eitrige und blutige Thema selbst ist die Sprache. Wie James Joyce erfindet Burroughs eine neue post-literarische Sprache, ein neues Medium, in dem Worte zu Wolken, Klumpen oder Bündeln von Bedeutung werden, die dem Leser unbarmherzig entgegengespritzt werden, wie die explosiven Technicolor-Farben des Neondschungels im Roppongi-Distrikt von Tokio. Burroughs malt mit Worten. Er sticht auf eine Seite mit expressionistischen, surrealistischen Sätzen ein und durchlöchert sie mit verbalen Schrotladungen.

Wie Bilder in einer Kunstgalerie müssen Burroughs' Absätze nicht in einer linearen Abfolge gelesen werden. Seine Arbeit ist oft als 'hologramisch' oder 'fraktal' bezeichnet worden, in der jeder Abschnitt verdichtete Sequenzen enthalten kann, die sich in späteren Versionen entfalten und wiederverwendet werden.

Vor allem aber ist sein Werk humorvoll. Wie James Joyce und Thomas Pynchon erkennt er im flittrigen Durcheinander bloßer Details die ewigen Comic Strips des Lebens – Bill Burroughs ist ein komischer Mann.

(Deutsch von Holger Hoetzel)

DANKSAGUNG

Ein Buch wie das vorliegende kann nur dann zustande kommen, wenn eine sehr große Zahl von Menschen spontan bereit ist, den Herausgeber mit Rat und Tat zu unterstützen. In diesem Sinne haben außer Dirk Nishen und Alexander Steffen, den Textautoren und dem Redaktionsteam noch über 100 Personen in Europa und den USA mitgeholfen, daß der Band wirklich erscheinen konnte. Ihnen allen möchte ich auch dadurch noch einmal ganz herzlich für ihre ungewöhnlich geduldige und ausdauernde Hilfsbereitschaft vis-a-vis unseres permanenten Termindrucks danken, daß ich sie dem Leser zum Schluß namentlich vorstellen möchte:

In Deutschland
Heidrun Böhm und Lutz Kroth vom Verlag 2001 - Andreas Döhler - Frau Gnielka bei der Akademie der Bildenden Künste Berlin - Ralph Brinkhoff - Christoph Derschau - Frau Riech beim FAZ Magazin - Ulrich Gehner - Gottfried Helnwein - Elisabeth Henrichs - Friederike Hentschel - Volker Hinz - Frau Kistner beim Jugend Filmverleih - Michael Kellner - Herr Boldt beim Keystone Pressedienst - Frau Schilling beim Verlag Kiepenheuer & Witsch - Klaus Maeck - Klaus Mettig - Frau Gerling bei der Bildagentur Pandis - Jürgen Ploog - Sylvia de Hollanda von Pociao's Books - Uwe Husslein von Popkomm - Herr Kupferschmid bei der Edition Manfred Salzgeber - Michael Schuff - Frau Schumann beim Stern - Frau Stephan beim Thalia Theater Hamburg - Herr Grom bei Ullstein Verlag Berlin - Frau Marget Schlüter vom Limes Verlag - Klaus und Udo Wegener

In England
Adrian Boot - Calder Publications Limited - John Hopkins - Graham Keen - Andreas Kramer - Barry Miles - John Minihan - Terry O'Neill

In Frankreich
Mary Beach - Hervé Binet - Harold Chapman - Henri Chopin - François de Palaminy - Martin Fraudreau - Philip Heying - Françoise Janicot - François Lagarde - Jean Jaques Lebel - Anne Nordmann - Claude Pelieu

In Holland
Suze Hahn - Harry Hoogstraten - Ben Posset - Simon Vinkenoog

In Italien
Fernanda Pivano - Roberta Valtorta - Wolfgang Wesener

In Schweden
Ulrich Hillebrand

In der Schweiz
Udo Breger - Galerie Carzaniga & Ueker - Horst Tappe

In den Vereinigten Staaten
Lilian and Richard Aaron - Arizona State University Special Collection's Carol Moore - Myles Aronowitz - Art & Commerce's Mary Guay - Gordon Ball - Lina Bertucci - Jon Blumb - Victor Bockris - William Burroughs Communication's James Grauerholz - Ann und Sam Charters - City Lights Book's Nancy Peters - Ira Cohen - Allen de Loach - Elsa Dorfman - Tim Forcade - Charles Henri Ford - Raymond Foye - Larry Gagosian Gallery - Charles Gatewood - Allen Ginsberg - Ginsberg & Associates' Jaqueline Gens, Peter Hale and Bob Rosenthal - John Giorno - Bobby Grossman - Rachel Homer - Island Records -Robert Jackson - The Los Alamos Historical Museum's Theresa Strauttman - Nelson Lyon - Chris Makos - Gerard Malanga - The Robert Mapplethorpe Foundation - George Mattingly - Fred McDarrah - Steve Miles - Harold Norse - The Ohio State University Rare Books and Manuscripts Collection's Elva Griffith - Paris Record's Michael Minzer - Rolling Stone Magazine's Deborah Cornwall - Ruby Ray - Marcia Resnick - Photovison's Philip Vance - Tony Shafrazi Gallery - Mellon Tytel - Anne Waldman - The Andy Warhol Foundation's Heloise Goodman

ANHANG

BIBLIOGRAPHIE

DISCOGRAPHIE

FILMOGRAPHIE

AUSSTELLUNGEN

INDEX

Burroughs schreibend am Fenster. (John Minihan)

Anmerkung des Herausgebers

Bei der Zusammenstellung der Angaben im Anhang haben mir Marcel Bayer, Michael Fritz, Walter Hartmann und Alexander Steffen geholfen.

Um Vollständigkeit haben wir uns nur bei der englischen und deutschen Primärliteratur bemüht. In allen Teilen vollständige Angaben hätten den Rahmen des vorliegenden Buchs gesprengt und müssen deshalb auf eine separate Publikation warten. In der Zwischenzeit sei hier WILLIAM S. BURROUGHS - A REFERENCE GUIDE von Michael B. Goodman (New York/London: Garland Publishing 1990) empfohlen.

In den Einträgen des Anhangs haben wir folgende Kürzel verwandt: HC (gebundene Ausgabe); SC (broschierte Ausgabe); I (Interviewer), LP (Langspielplatte), CD (Compact Disc), MC (Musik-Cassette)

Die wichtigsten der noch lieferbaren Titel der folgenden Bibliographie können Sie über folgende Anschrift bestellen: POCIAO'S BOOKS, Prinz-Albert-Straße 65, 53113 Bonn.

BIBLIOGRAPHIE

Englischsprachige Primärliteratur

1953
William Lee, JUNKIE - CONFESSIONS OF AN UNREDEEMED DRUG ADDICT. SC. New York: Ace Books. (Roman im Zusammendruck mit: Maurice Helbrandt, NARCOTIC AGENT)

1959
THE NAKED LUNCH. SC. Paris: Olympia Press. (Roman)

1960
MINUTES TO GO. SC. Paris: Two Cities Editions. (Cutup-Textmontagen mit Brion Gysin, Sinclair Beiles und Gregory Corso)

THE EXTERMINATOR. SC. San Francisco: Auerhan Press. (Cutup-Textmontagen mit Brion Gysin)

1961
THE NAKED LUNCH. HC. New York: Grove Press. (mit dem Beitrag "Deposition: Testimony Concerning a Sickness" als Einleitung und "Letter from a Master Addict to Dangerous Drugs" als Anhang)

THE SOFT MACHINE. SC. Paris: Olympia Press. (Roman)

1962
THE TICKET THAT EXPLODED. SC. Paris: Olympia Press. (Roman)

1963
DEAD FINGERS TALK. HC. London: Calder. (Montage aus Kapiteln von THE NAKED LUNCH, THE SOFT MACHINE und THE TICKET THAT EXPLODED)

THE YAGE LETTERS. SC. San Francisco: City Lights Books. (Briefroman mit Allen Ginsberg)

1964
ROOSEVELT AFTER INAUGURATION. SC. New York: Fuck You Press. (Routine)

THE NAKED LUNCH. HC. London: Calder 1964. (mit einem Vorwort "Naked Lunch on Trial")

NOVA EXPRESS. HC. New York: Grove Press. (Roman)

1965
TIME. SC. New York: C-Press. (Cutups und Artikel mit vier Kalligraphien von Brion Gysin)

VALENTINE'S DAY READING. SC. New York: American Theatre for Poets. (Textmontage mit den letzten Worten des Gangsters Dutch Schultz)

HEALTH BULLETIN: APO-33, A METABOLIC REGULATOR. SC. New York: Fuck You Press. (Essay, Cutup)

NOVA EXPRESS. SC. New York: Grove Press. (Evergreen Black Cat Edition)

1966
THE SOFT MACHINE. HC. New York: Grove Press. (Roman; veränderte Fassung)

NOVA EXPRESS. HC. London: Jonathan Cape.

HEALTH BULLETIN: APO-33, A METABOLIC REGULATOR. SC. San Francisco: Beach Books Texts and Documents.

THE NAKED LUNCH. SC. New York: Grove Press. (Evergreen Black Cat Edition)

DEAD FINGERS TALK. SC. London: Tandem Books.

JUNKIE. SC. New English Library Ltd.

1967
THE TICKET THAT EXPLODED. HC. New York: Grove Press. (veränderte Fassung)

SO WHO OWNS DEATH TV? SC. San Francisco: Beach Books Texts and Documents. (Cutup mit Claude Pélieu und Carl Weissner)

THE SOFT MACHINE. SC. New York: Grove Press. (Evergreen Black Cat Edition)

1968
THE TICKET THAT EXPLODED. HC. London: Calder & Boyars.

MINUTES TO GO. SC. San Francisco: Beach Books Texts and Documents.

THE TICKET THAT EXPLODED. SC. New York: Grove Press. (Evergreen Black Cat Edition)

1969
THE DEAD STAR. SC. San Francisco: Nova Broadcast Press. (Nova Broadcast Series No.5, Cutup)

1970
THE LAST WORDS OF DUTCH SCHULTZ. HC. London: Cape Goliard Press. (Treatment und Montage - Sequenzen für einen Film)

THE JOB - INTERVIEWS WITH WILLIAM S. BURROUGHS BY DANIEL ODIER. HC. New York: Grove Press.

1971
ALI'S SMILE. SC. London: Unicorn. (Story, incl. 12-inch LP)

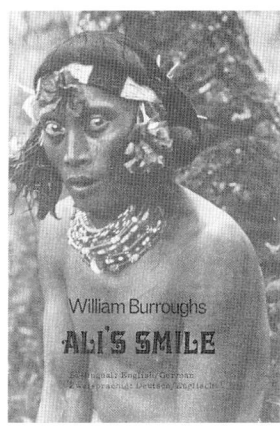

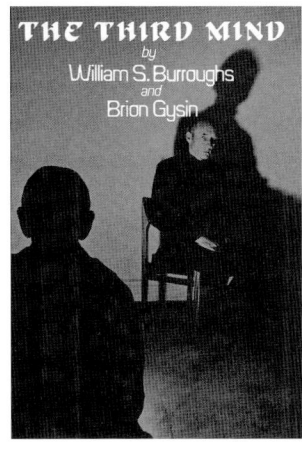

THE WILD BOYS - A BOOK OF THE DEAD. HC. New York: Grove Press. (Roman)

ELECTRONIC REVOLUTION. SC. Cambridge, England: Blackmoor Head Press. (Essay englisch/französisch)

1972
THE WILD BOYS - A BOOK OF THE DEAD. HC. London: Calder & Boyars.

THE WILD BOYS - A BOOK OF THE DEAD. SC. New York: Grove Press.

1973
EXTERMINATOR! HC. New York: Viking Press. (Erzählungen und kurze Prosa)

MAYFAIR ACADEMY SERIES MORE OR LESS. SC. Brighton, Sussex: Urgency Press Rip-Off. (Auswahl aus Burroughs' Kolumnen im Mayfair-Magazin und andere Texte)

WHITE SUBWAY. SC. London: Aloes seolA. (Stories und Cutup-Texte)

PORT OF SAINTS. HC. London: Covent Garden Press; Ollon/Schweiz: Am Here Books. (Roman)

1974
EXTERMINATOR! HC. London: Calder & Boyars.

THE BOOK OF BREETHING. SC. Ingatestone: Editions OU. (mit Illustrationen von Robert F. Gale; englisch, französisch, niederländisch)

1975
SNACK ... TWO TRANSCRIPTS. SC. London: Aloes Books. (Transkription zweier Interviews mit Eric Mottram)

SIDETRIPPING. HC. New York: Strawberry Hill. (Photos von Charles Gatewood begleitet von Burroughs-Texten)

THE LAST WORDS OF DUTCH SCHULTZ. A FICTION IN THE FORM OF A FILMSCRIPT. SC. New York: Viking Press. (Drehbuch, illustriert)

1976
THE RETREAT DIARIES. SC. New York: City Moon Broadcast No. 3. (Traumtagebuch)

COBBLE STONE GARDENS. SC/HC. Cherry Valley, N.Y.: Cherry Valley Editions. (Autobiographischer Text)

1977
JUNKY. SC. New York: Penguin. (Erstausgabe des vollständigen und unzensierten Texts, mit einer Einleitung von Allen Ginsberg)

1978
LETTERS TO ALLEN GINSBERG. LETTRES A ALLEN GINSBERG (1953-1957). HC. Genf: Editions Claude Givaudan / Am Here Books. (englisch, französisch)

THE THIRD MIND. SC. New York: Viking Press. (Dokumentation: Cutup-Experimente und Artikel mit Brion Gysin)

1979
ROOSEVELT AFTER INAUGURATION AND OTHER ATROCITIES. SC. San Francisco: City Lights Books. (Routines und Artikel)

BLADE RUNNER, A MOVIE. HC/SC. Berkeley: Blue Wind Press. (Szenario für einen Film)

DR. BENWAY. SC. Santa Barbara: Bradford Morrow. (Variante der "Benway" Passage aus NAKED LUNCH)

AH POOK IS HERE AND OTHER TEXTS. HC. London: Calder Books. (enthält AH POOK IS HERE, THE BOOK OF BREEETHING und ELECTRONIC REVOLUTION)

WHERE NAKED TROUBADOURS SHOOT SNOTTY BABOONS. SC. Northridge, California: Lord John Press. (Routine)

1980
PORT OF SAINTS. HC/SC. Berkeley: Blue Wind Press.

THREE NOVELS. SC. New York: Grove Press. (Evergreen Black Cat Edition; enthält THE SOFT MACHINE, NOVA EXPRESS und THE WILD BOYS)

1981
THE LAST WORDS OF DUTCH SCHULTZ. SC. New York: Seaver Books.

EARLY ROUTINES. SC. Santa Barbara: Cadmus Editions. (Routines aus den fünfziger Jahren)

CITIES OF THE RED NIGHT. HC. New York: Holt, Rinehart and Winston / London: Calder Books. (Roman)

THE STREETS OF CHANCE. HC. New York: The Red Ozier Press. (Routine)

1982
LETTERS TO ALLEN GINSBERG (1953-1957). HC. New York: Full Court Press. (mit einem Vorwort von Allen Ginsberg)

SINKI'S SAUNA. HC. New York: Perquod. (Routine)

John Calder (Hrsg.), A WILLIAM BURROUGHS READER. SC. London: Picador. (Auswahlband)

CITIES OF THE RED NIGHT. SC. London: Picador.

1983
PORT OF SAINTS. HC/SC. London: Calder Books.
(Roman)

1984
THE PLACE OF DEAD ROADS. HC. London: Calder
Books. (Roman)

THE PLACE OF DEAD ROADS. HC. New York: Holt,
Rinehart and Winston.

THE BURROUGHS FILE. SC. San Francisco: City
Lights Books. (Stories und Cutup-Texte, mit
Faksimiles aus Burroughs' Notizbüchern)

RUSKI. SC. Brooklyn, N.Y.. Hand-Job Press.
(Routine)

1985
QUEER. HC. New York: Viking Penguin. (Roman)

THE ADDING MACHINE. SC. London: Calder Books.
(gesammelte Essays)

1986
QUEER. SC. London: Picador.

THE CAT INSIDE. HC. Grenville. (Text mit
Illustrationen von Brion Gysin)

1987
THE WESTERN LANDS. HC. New York: Viking
Penguin. (Roman)

THE PLACE OF DEAD ROADS. SC. London: Paladin.

1988
APOCALYPSE. SC. New York: Mulder Fine Art. (mit
Keith Haring)

THE WESTERN LANDS. HC/SC. London: Picador.

1989
James Grauerholz (Hrsg.), INTERZONE. HC. New
York: Viking Penguin. (Frühe Prosa, Artikel und
Briefe aus Tanger)

TORNADO ALLEY. HC/SC. New York: Cherry
Valley Editions. (Routines; mit Illustrationen
von S. Clay Wilson)

1990
James Grauerholz (Hrsg.), INTERZONE. SC. New
York/London: Penguin.

1991
GHOST OF CHANCE. New York: Whitney Museum.
(Text mit Illustrationen von George Condo)

SEVEN DEADLY SINS. HC. Los Angeles: Lococo-
Mulder Fine Arts. (Text mit eigenen Illustrationen)

1992
THE CAT INSIDE. HC. New York: Viking Penguin.

NAKED LUNCH. SC. London: Paladin. (mit neuem
Vorwort von Burroughs: "Afterthoughts on a
Deposition")

PAINTINGS & GUNS. SC. Madras, New York:
Hanuman Books. (Essays)

1993
Oliver Harris (Hrsg.), THE LETTERS OF WILLIAM S.
BURROUGHS 1945-1959. HC. New York: Viking
Penguin.

Deutschsprachige Primärliteratur

1962
NAKED LUNCH. Dt. von Katharina und Peter
Behrens. HC. Wiesbaden: Limes Verlag.

1963
JUNKIE: BEKENNTNISSE EINES UNBEKEHRTEN
RAUSCHGIFTSÜCHTIGEN. Dt. von Katharina
Behrens. HC. Wiesbaden: Limes Verlag.

1964
AUF DER SUCHE NACH YAGE. Dt. von Katharina und
Peter Behrens. HC. Wiesbaden: Limes Verlag.

1969
FERNSEH-TUBERKULOSE. Dt. von Carl Weissner.
SC. Frankfurt: Nova Press. (Cutup mit Claude
Pélieu und Carl Weissner)

1970
NOVA EXPRESS. Dt. von Peter Behrens. HC.
Wiesbaden: Limes Verlag.

1971
DIE LETZTEN WORTE VON DUTCH SCHULTZ. Dt. von
Hans Hermann. SC. Köln: Kiepenheuer und Witsch.

SOFT MACHINE. Dt. von Peter Behrens. SC. Köln:
Kiepenheuer und Witsch.

ELECTRONIC REVOLUTION. DIE ELEKTRONISCHE
REVOLUTION. Dt. von Carl Weissner und Sylvia
Pogorzalek. SC. Göttingen: Expanded Media
Editions.

1972
JUNKIE: BEKENNTNISSE EINES UNBEKEHRTEN
RAUSCHGIFTSÜCHTIGEN. Dt. von Katharina
Behrens. SC. Frankfurt: Ullstein.

1973
ALI'S SMILE. Dt. von Carl Weissner. SC. Göttingen:
Expanded Media Editions. (zweisprachige Ausgabe).

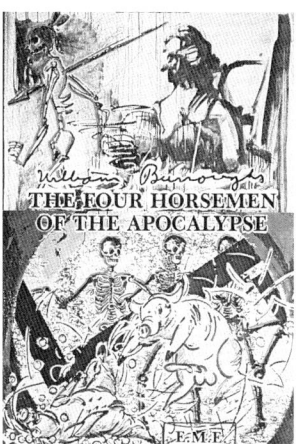

WILLIAM S. BURROUGHS __ Die wilden Boys, Port of Saints __ Die Städte der Roten Nacht __ Zweitausendeins __

WILLIAM S. BURROUGHS Junkie Auf der Suche nach Yage __ Naked Lunch Nova Express __ Zweitausendeins __

NACHTMASCHINE BURROUGHS SPECIAL

DER JOB. GESPRÄCHE MIT DANIEL ODIER. Dt. von Hans Hermann. HC. Köln: Kiepenheuer und Witsch.

NOVA EXPRESS. Dt. von Peter Behrens. SC. Frankfurt: Ullstejn.

1974
SOFT MACHINE. Dt. von Peter Behrens. SC. Frankfurt: Ullstein.

1975
DIE LETZTEN WORTE DES DUTCH SCHULTZ. Dt. von Hans Hermann. SC. Frankfurt: Ullstein.

1976
ELECTRONIC REVOLUTION. DIE ELEKTRONISCHE REVOLUTION. Dt. von Carl Weissner und Sylvia Pogorzalek. SC. Bonn: Pociao's Books / Expanded Media Editions.
(erweiterte Ausgabe)

1978
BURROUGHS I. Dt. von Carl Weissner. HC. Frankfurt: Zweitausendeins. (JUNKIE, AUF DER SUCHE NACH YAGE, NAKED LUNCH, NOVA EXPRESS)

ALI'S SMILE. NAKED SCIENTOLOGY. Dt. von Carl Weissner. SC. Bonn: Pociao's Books / Expanded Media Editions. (zweisprachige Ausgabe)

1979
DIE ALTEN FILME. Dt. von Carl Weissner. SC. Augsburg: Maro Verlag. (Cobblestone Gardens und andere Stories aus den Jahren 1963 bis 1976)

1980
ZWISCHEN MITTERNACHT UND MORGEN. EIN TRAUMTAGEBUCH. Dt. von Udo Breger. SC. Basel: Sphinx Verlag.

BURROUHS II. Dt. von Carl Weissner. HC Frankfurt: Zweitausendeins. (DIE WILDEN BOYS, PORT OF SAINTS.)

BLADE RUNNER. EIN FILM. Dt. von Udo Breger. SC. Zürich: Eco.

1982
BURROUGHS III. Dt. von Carl Weissner. HC. Frankfurt: Zweitausendeins. (DIE STÄDTE DER ROTEN NACHT)

DAS BUCH VOM AAATMEN. Dt. von Udo Breger. SC. Rheinberg: Zero Verlag.

1983
DIE ALTEN FILME. Dt. von Carl Weissner. SC. Frankfurt: Fischer Verlag.

1985
DEAD ROADS. Dt. von Rose Aichele. SC. München: Goldmann Taschenbuch Verlag.

BURROUGHS II/III. Dt. von Carl Weissner. SC. Frankfurt: Zweitausendeins.

1986
DER JOB. GESPRÄCHE MIT DANIEL ODIER. Dt von Hans Hermann und Peter Behrens. SC. Berlin: Ullstein.

1987
BURROUGHS IV. Dt. von Carl Weissner. HC. Frankfurt: Zweitausendeins. (EXTERMINATOR, DIE LETZTEN WORTE DES DUTCH SCHULTZ)

1988
THE FOUR HORSEMEN OF THE APOKALYPSE. DIE VIER APOKALYPTISCHEN REITER. Dt. von Udo Breger. SC. Bonn: Expanded Media Editions.

WESTERN LANDS. Dt. von Carl Weissner. HC. Berlin/Frankfurt: Limes/Ullstein.

1989
BURROUGHS V. Dt. von Carl Weissner. HC. Frankfurt: Zweitausendeins. (HOMO, BRIEFE AN ALLEN GINSBERG 1953-1957)

1991
INTERZONE. Dt. von Dirk Muelder. HC. Berlin/Frankfurt: Limes/Ullstein.

Englischsprachige Interwiews

1961
INTERWIEW WITH WILLIAM BURROUGHS. I: Gregory Corso und Allen Ginsberg. Journal for the Protection of All Beings, Nr. 1.

1965
THE ART OF FICTION: WILLIAM BURROUGHS. I: Conrad Knickerbocker. The Paris Review, Nr. 35.

THE HALLUCINARY OPERATORS ARE REAL. S. F. Horizons, 2:3-12.

1966
PROPHET OR PORNOGRAPHER. Jaguar.

1968
WILLIAM BURROUGHS INTERVIEW. I: Jeff Shiro. Rat 1, Nr. 18/19/20.

1969
IN SEARCH OF THE CONNECTION. I: Nina Sutton. Manchester Guardian.

TACTICS OF DECONDITIONING: WILLIAM BURROUGHS SPEAKS. I: Felix Scorpio. IT, Nr. 57.

WILLIAM BURROUGHS INTERVIEWED BY DRISS DRISSI. Aberdeen University: Gaudie, Nr. 20.

1970
A FLOWER FROM A HIGH WINDOW. I: Michael March. Crawdaddy, Nr. 4.

1971
WILLIAM BURROUGHS RAPPING ON
REVOLUTIONARY TECHNIQUES. Global Tapestry
Journal.

WILLIAM BURROUGHS - MIND ENGINEER. I: Graham
Masterson und Andrew Rossabi. Penthouse, 6 Jhg.,
Nr. 6.

1972
ROLLING STONE INTERVIEW: WILLIAM BURROUGHS.
I: Robert Palmer. Nr. 108.

LOOK AT UNCLE BILL. I: Bill Butler. Frendz.

1974
BEAT GODFATHER MEETS GLITTER MAINMAN -
WILLIAM BURROUGHS, SAY HELLO TO DAVID
BOWIE. I: Craig Copetas. Rolling Stone.

WILLIAM BURROUGHS INTERVIEW. I: Gerard
Malanga. The Beat Book.

THE LAST EUROPEAN INTERVIEW. I: Philippe
Mikriammos. The Review of Contemporary Fiction,
4. Jhg., Nr. 1.

1975
ERAS ARE WRITTEN INTO EXISTENCE. I: Barry
Miles. Bananas, Nr. 1.

BATHROOM NOTES: BURROUGHS ON GUNS. I: Barry
Miles. Bananas, Nr. 2.

1977
CHRISTOPHER ISHERWOOD MEETS WILLIAM
BURROUGHS FOR THE FIRST TIME. I: Victor Bockris.
Andy Warhol's Interview.

AN INTERVIEW WITH WILLIAM BURROUGHS. I: John
Tytell. The Beat Diary.

WSB INTERVIEW. I: Telesis Video. Lightworks (als
Transkript).

1978
CALL ME BURROUGHS. I: Ray Rumor. Search &
Destroy, Nr. 10.

1979
WILLIAM BURROUGHS. I: Victor Bockris. High
Times, Nr. 42.

1980
LOU REED MEETS WILLIAM BURROUGHS. I: Victor
Bockris. Northeast Rising Sun, 4. Jhg.,
Nr. 17.

1981
INTERVIEW: TERRY SOUTHERN WITH WILLIAM
BURROUGHS - TWO GREAT SATIRISTS TAKE THE
HIGH TIMES BLINDFOLD TEST. I: Victor Bockris.
High Times.

1982
W. S. BURROUGHS INTERVIEW. I: Vale.
RE/SEARCH, Nr. 4/5.

BEAT MEETS BLANK - WILLIAM BURROUGHS
CONVERSES WITH DEVO'S JERY CASALE & MARK
MOTHERSBAUGH. I: Scott Isler. New Musical
Express.

AN INTERVIEW WITH WILLIAM S. BURROUGHS. I:
Jenny Skerl. Modern Language Studies, Nr 12.

1984
STILL GET A THRILL WHEN I SEE YOU BILL. I: T.X.
Erbe. East Village Eye.

1988
WHEN PATTI ROCKED. I: William Burroughs. Spin,
Nr 4.

1991
WILLIAM TELLS. I: Legs McNeil. Spin, Nr. 7.

WHEN I GO INTO MY PSYCHE. I: Victor Bockris.
Spin.

1993
BILL & THE BOYS. I: James Grauerholz. I-D, Nr.
121.

Deutschsprachige Interviews:

1970
ZWISCHEN MARX UND HASCHISCH - NEUE
INNERLICHKEIT ODER DER WEG IN DIE
REVOLUTION. I: Nina Sutton. Pardon. Nr. 2

1971
DECONDITIONING, DER NICHT-CHEMISCHE TRIP. I:
Felix Scorpio. UFO, Nr. 1.

1978
HILFLOSIGKEIT HAT SICH BREITGEMACHT. I: Jürgen
Ploog. Sounds, Nr. 4

1980
DIE ZEIT WIRD KNAPP. I: Udo Breger. Tip,
Nr. 21

1983
AUSROTTEN. I: Sylvere Lothringer. New Yorker
Gespräche, Berlin: Merve Verlag.

1985
ICH BIN EIN INSTRUMENT ZUR WIEDERGABE. I:
Bernhard Streit. taz.

1986
ÜBERLEBEN IST ZUFALL. I: Olaf Arndt und Frank
Raddatz. Wiener, Nr. 6.

1991
ER VERBEUGTE SICH DREIMAL UND VERSCHWAND
IN SEINEM BILD. I: Klaus Maeck. Kozmik Blues,
Burroughs Special.

INTERVIEW MIT WILLIAM S. BURROUGHS (1986). I:
Jürgen Ploog. Kozmik Blues, Burroughs Special.

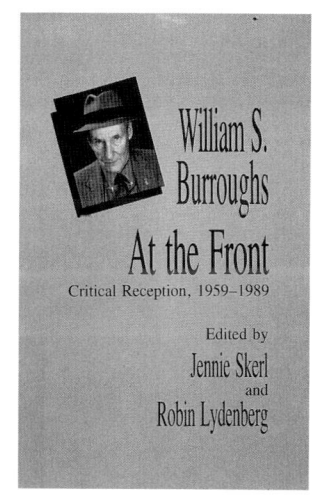

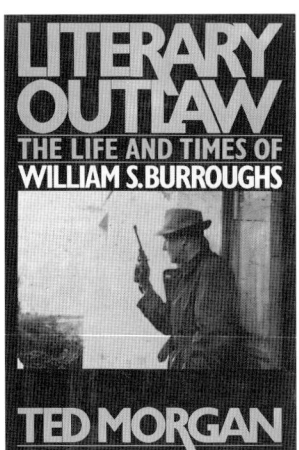

Englischsprachige Sekundärliteratur

Den besten Zugang zur umfangreichen Sekundärliteratur über Burroughs in englischer Sprache vermittelt die Lektüre von:

Jenny Skerl / Robin Lydenberg (Hrsg.), WILLIAM BURROUGHS AT THE FRONT - CRITICAL RECEPTION SINCE 1959. HC/SC. Southern Illinois Press, 1991.

Dieser Anthologie-Band macht mehr als 25 der wichtigsten Essays zugänglich, die seit 1959 über Burroughs' Oeuvre erschienen sind. Außerdem ist der Band mit einer ausführlichen Bibliographie versehen.

Deutschsprachige Sekundärliteratur

1963
HELMUT HEIßENBÜTTEL, Beat oder Nicht, Das ist hier die Frage. Deutsche Zeitung. (zu NAKED LUNCH).

1964
HUBERT FICHTE, Abgründige Hymnen auf den Dreck. Die Welt. (zu NAKED LUNCH)

KARL O. PAETEL, Ein Profil. Frankfurter Hefte, Nr. 12. (zu JUNKIE und NAKED LUNCH)

1968
GÜNTER WITSCHEL, "Bekenntnisse Burroughs' zur Droge". In: Rausch und Rauschgift bei Baudelaire, Huxley, Benn und Burroughs, Bonn: Bouvier Verlag.

1971
ROLF-DIETER BRINKMANN, Laßt das Stille Virus frei!. Stuttgarter Zeitung. (zu NOVA EXPREß).

PETER W. JANSEN, Revolte gegen zweieinhalb Jahrtausende? Frankfurter Allgemeine Zeitung. (zu NOVA EXPRESS und THE SOFT MACHINE).

ULRICH MEISTER, Sublimierte Rauschmittel. Die Weltwoche.

1973
KLAUS POENICKE, "William Burroughs". In: Martin Christadler (Hrsg.), Amerikanische Literatur der Gegenwart. Stuttgart: Kröner Verlag.

1974
CHRISTIAN LINDNER, Trapper im inneren Weltraum. Frankfurter Rundschau. (zu DER JOB)

1977
WOLFGANG BERNHARD FLEISCHMANN, "Die Beat-Generation und Ihre Nachwirkung." In: Hans Bungert (Hrsg.), Die Amerikanische Literatur der Gegenwart. Stuttgart: Reclam Verlag.

1982
SUSAN SONTAG, "William S. Burroughs und der Roman". In: Dies., Kunst und Antikunst. Frankfurt: Fischer Verlag.

1983
JÜRGEN PLOOG, Straßen des Zufalls, Bern: Streit Verlag.

1984
ERIK HILLENBACH, William S. Burroughs. Nichts ist wahr, alles ist erlaubt. Marabu, Nr. 11.

ANDREAS SEILER FRANKLIN, Neues aus dem Wilden Westen. Neue Züricher Zeitung. (zu THE PLACE OF DEAD ROADS)

1985
MARTIN GROß, Von der Gewalttätigkeit des Zitats. taz. (zu THE PLACE OF DEAD ROADS).

MICHAEL KARDEREIT, Bessesenheit, Kontrolle und Entkommen. Frankfurter Rundschau. (zu QUEER).

1988
GERHARD HOFFMANN, "Das narrative System der Postmoderne und die Auflösung des Charakters im Erzähltext: Die Reduktionsformen von Handeln und Bewußtsein" und "Überblendungen: Verbindungen der zivilisatorischen und existenziellen Groteske des Grotesken und Absurden - William Burroughs, 'Naked Lunch'. In: Ders.(Hrsg.), Der zeitgenössische amerikanische Roman. Band 1. München: Fink Verlag.

CHARLES RUSSEL, "Schwarzes Sonnenlicht: Zur Fiktion von William S. Burroughs." In: Gerhard Hoffmann (Hrsg.), Der zeitgenössische amerikanische Roman. Band 2. München: Fink Verlag.

1993
HANS CHRISTIAN KIRSCH, Dies Land ist unser. München: List Verlag.

Biographien:

1981
WITH WILLIAM BURROUGHS. A REPORT FROM THE BUNKER. Victor Bockris (Hrsg.) SC. New York: Seaver Books.
(Begegnungen und Gespräche mit Allen Ginsberg, Susan Sontag, Lou Reed, Terry Southern, Christopher Isherwood, Andy Warhol, Tennessee Williams, Mick Jagger u.a.)

1988
Ted Morgan, LITERARY OUTLAW: THE LIFE AND TIMES OF W.S. BURROUGHS. HC. New York: Henry Holt.

1992
Barry Miles, WILLIAM BURROUGHS, EL HOMBRE INVISIBLE. HC/SC. London: Virgin Books.

"William S. Burroughs reading and
drinking Coca Cola", Lawrence 1992.
(Jon Blumb)

Bei einer Aufnahme für die CD SPARE ASS
ANNIE, Lawrence, Kansas, 1993. (Jon
Blumb)

DISCOGRAPHIE

1965
CALL ME BURROUGHS. LP. Paris: The English Bookshop.

1975
JOHN GIORNO / WILLIAM S. BURROUGHS. LP. New York: John Giorno Poetry Systems.

1979
THE NOVA CONVENTION. LP. New York: John Giorno Poetry Systems.

1985
NOTHING HERE NOW BUT RECORDINGS - FROM THE ARCHIVES OF WILLIAM S. BURROUGHS. LP. Industrial Records.

1986
WILLIAM BURROUGHS: BREAKTHROUGH IN THE GREY ROOM. LP/CD. SUB ROSA.

WILLIAM BURROUGHS: THE DOCTOR IS ON THE MARKET. LP. Les Temps Modernes.

1990
WILLIAM BURROUGHS: DEAD CITY RADIO. LP/CD. Island Records. (mit John Cale, Donald Fagen, Cheryl Hradwick, The NBC Symphony Orchestra, Lenny Pickett, Sonic Youth, Chris Stein)

1991
THE ELVIS OF LETTERS. CD-Single. Tim Kerr Records. (mit Gus van Sant)

1992
JUST ONE FIX / QUICK FIX. CD-Single. Warner. (Mit Ministry)

1993
THE 'PRIEST' THEY CALLED HIM. CD-Single. Tim Kerr Records. (mit Kurt Cobain/NIRVANA)

SPARE ASS ANNIE AND OTHER TALES. CD. Island Records. (mit Disposable Heroes of Hiphoprisy)

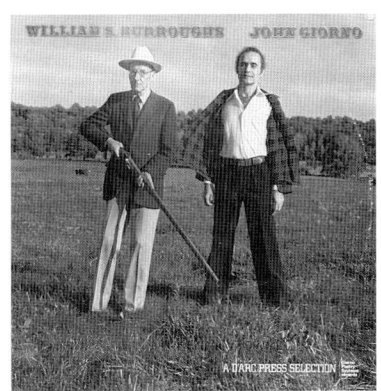

FILMOGRAPHIE

1962-66
Anthony Balch
THE GHOSTS OF NO. 9
GB, 16 mm, s/w und Farbe, 5 Std.
(Experimentalfilm)

1963
Anthony Balch
TOWERS OPEN FIRE
GB, 16 mm s/w, 12 min.
(Experimentalfilm)

1965
Anthony Balch
THE CUT-UPS
GB, 16 mm, s/w, 25 min.
(Experimentalfilm)

1966
Conrad Rooks
CHAPPAQUA
USA, 35 mm, Farbe, Länge 85 min.
England: Blue Dolphin
(Spielfilm mit Jean Louis Barrault, William S.
Burroughs, Ornette Coleman, Allen Ginsberg, Jean
Pierre Leaud u.a.)

1974
Robert Frank
ENERGY AND HOW TO GET IT
USA, 16 mm, Farbe, 27 min.
(Experimentalfilm)

1982
Derek Jarman
PIRATE TAPE
GB, 16 mm, Farbe, 22 min.
(Burroughs auf Tournee)

1983
Howard Brookner
BURROUGHS
USA, 16 mm, Farbe, 86 min.
Berlin: Freunde der Deutschen Kinemathek,
(Dokumentarfilm)

1984
Jacob Burckardt
IT DONT PAY TO BE AN HONEST CITIZEN
USA, 16 mm, Länge 90 min.
Berlin: Edition Salzgeber
(Jungfilmer irrt durch N.Y. Burroughs in der Rolle
als Mafia-Boss.)

Muscha / Klaus Meack
DECODER
BRD, 16/35 mm, Farbe, 87 min.
Berlin: Verleih: Freunde der Deutschen Kinematek
(Musiker enthüllt Soundexperimente einer Fast Food
- Kette. Burroughs in einer Rolle als
Radiomechaniker)

1985
Laurie Anderson
HOME OF THE BRAVE
USA 35mm, Farbe, 106 min.
Tübingen: Arsenal -Filmverleih,

1986
Ron Mann
POETRY IN MOTION
Canada, 16 mm, Farbe, 90 min.
Berlin: Edition Salzgeber

Derek Jarman (u.a)
DREAM MACHINE
GB, 16 mm, Farbe, 27 min.
Berlin: Edition Salzgeber
(Episodenfilm als Hommage an THE SOFT
MACHINE)

KATHY ACKER IN CONVERSATION WITH WILLIAM S.
BURROUGHS
GB, Video, Farbe, 45 min.
London: ICA-Projects

1987
Janet Forman
THE BEAT GENERATION - AN AMERICAN DREAM
USA, 16 mm, s/w und Farbe, 90 min.
Berlin: Edition Salzgeber

1989
Maria Beatty
GANG OF SOULS
USA, Video, Farbe.
New York: John Giornos Video Pak IV
(Dokumentarfilm über neue und alte "Beats"
mit John Giorno, Henry Rollins, Lydia Lunch u.a.)

1991
Gus Van Sant
DRUGSTORE COWBOY
USA, 35 mm, Farbe, 101 min.
Tübingen: Arsenal - Filmverleih
(Spielfilm mit Matt Dillon u.a.)

Gus Van Sant
THANKSGIVING PRAYER
USA, Video, Farbe.
(Promo-Video zur LP DEAD CITY RADIO)

David Cronenberg
NAKED LUNCH
Canada, 35 mm, Farbe, 115 min.
(Sehr freie Adaption des Romans, mit Peter Weller
in der Hauptrolle)

Klaus Maeck
BURROUGHS - COMMISSIONER OF SEWERS
BRD, Video, s/w und Farbe, 58 min.
(u.a. Lesung von Burroughs im Filmkunst 66 in
Berlin und einem ausführlichen Interview von
Jürgen Ploog)

AUSSTELLUNGEN

1987
NEW YORK: Tony Shafrazi Gallery. Katalog.

1988
AMSTERDAM: Suzanne Biederberg Gallery.
LONDON: October Gallery. Katalog.
VANCOUVER: The Western Front Gallery.
SEATTLE: Center on Contemporary Art.
SANTA FE: Gallery Casa Sin Nombre. Katalog.
CHICAGO: Paul Klein Gallery.

1989
KÖLN: Galerie Paul Maenz.
MONTREAL: Galerie Oboro.
TORONTO: Cold City Gallery.
ST. LOUIS: Elliot Smith Gallery.
BASEL: Galerie Carzaniga & Uecker. Katalog.
LAWRENCE: Kellas Gallery.
LISSABON: Galeria EMI Valentim de Carvalho
Katalog.

1990
FRANKFURT: Galerie waschSalon. Katalog.
PARIS: Galerie K. Katalog.
HAMBURG: XPO Galerie.
LONDON: October Gallery.
TOKIO: The Seed Hall / Seibu Shibuya. Katalog.
SAPPORO: Akarenga Hall / Seibu Sapporo.
SANTA FE: Gallery Casa Sin Nombre.
LOS ANGELES: Earl McGrath Gallery.
TÜBINGEN: Deutsch-Amerikanisches Institut.
MADRID: Galeria Sephira. Katalog.

1991
BASEL: Galerie Carzaniga & Uecker. Katalog.
BASEL: Galerie Carzaniga & Uecker.

Beim Signieren eines seiner Bilder,
Lawrence, Kansas, 1993. (Jon Blumb)

INDEX

Hinweis: Seitenzahlen in aufrechter Schrift verweisen auf Stellen in den Texten, kursive Seitenzahlen beziehen sich auf die Bildlegenden.

Orte:

Algeriras 49
Algier 55
Amsterdam 109
Athen 29, 75, 92
Basel 109
Berlin 104
Bogota 45
Boulder, Col 87, *88*, 89
Bremen 104
Budapest 28
Calcutta 75
Cambridge, GB 65
Cambridge, Ma 27, 29,
Chicago 30, 109
Clayton, Mo 29
Cody, Wy 9
Denver 34, 87
Detroit 85
Dubrovnik 28, 29
Edinburgh 69, 76, 77
Fés 49
Fort Worth, Tex *106*
Galveston, Tex 43
Hamburg *19*, 112
Harvard 27, *28*, 29
Havanna, 39
Houston, Tex 38
Kansas City 15, 99
Köln 109
Lawrence, Kan 92, *98*, 99, *108, 109, 112, 115, 126, 138, 141*
Lexington, Ky 39, 77
Lima 46, 92
London *2*, 7, 11, **55**, 58, 65, 67, *72, 73*, 75, 76, 77, *79, 81*, 82, *83*, 92, 127
Los Alamos 26, 27
Los Angeles 9
Macoa 45
Marakesch 77
Mekka 58
Mexico City 40, *41*, 42, 43, 44, 53, 71, 127
Miami 39
Montreal 109
New Orleans 33, 39, 40
New Waverly, Tex 38, 39
New York 10, 23, 29, 30, *32*, 33, *35, 36*, 37, 38, 39, 44, *47*, *48*, 49, *50/51*, 56, 68, *74*, 75, *76*, 77, 80, *84*, 85, *86*, 89, *91*, 92, *93*, *94*, *95*, 99, 102, *103*, 107, 109, *120, 144*

Orlando 92
Oxford 27
Palm Beach 46, 75
Panama City 45, 127
Paris *1*, *6*, 7, 15, 53, 57, 58, *59*, 61, *63*, *64*, *65*, 104, *110/111*, 127
Paterson, New Jersey 33
Pucalpa 46
Puerto Assis 45
Quito 127
Rangun 26
Rom 49, 109, *105*
Salzburg 28
San Francisco 54, 56, 75
San Miguel de Allende 77
Santa Fe 25, 26
St. Louis 23, 24, 26 ,27, 29, 33, 34, 80, 99, 109
St. Petersburg, NJ 80
Tanger 7, 15, 26, 49, 54, 55, 60, 67, 69, 71, 77, 92, 104
Tokyo 112, 127
Toronto 90, 109
Vancouver 109
Venedig 55, 56, 76
Washington 69
Wien 28

Werke:

Ah Pook is Here 118, 119
Anxiety and its Treatment 55
Auf der Suche nach Yage *50/51*
Black Rider 11, *19*, 109, *110/111*
Burroughs at the Front 125
Cat Inside 109
Chappaqua 76
Cities of the Red Night 18, 91, 118, 121
Decoder 99
Der Job 14, 18, 80
Doktor Schiwago 61
Dr. Strangelove 77
Drugstore Cowboy 112
Elektronische Revolution 14
Exterminator! 67, 118, 119
Ghost of Chance 109
Go *50/51*
Home of the Brave 103
Howl 54, 56
Interzone 109
It don't pay to be an honest citizen 103
Junkie 7, 11, 44, 46, *50/51*, 61, 90, 103, 118, 119, 121
Lolita 61
Minutes to Go 65
Naked Lunch 11, 15, 18, 29, 30, 55, 57, 58, 61, 67, 69, 71, 75, 76, 82, 92, 109, 114, 118, 119
Neuromancer 18
Nova Express 29, 71, 72, 75, 76, 118, 119, 121
On the Road 7, 39, 49, *50/51*, 57, 58
Place of Dead Roads 18, 124
Port of Saints 82, 118, 119

Queer 7, 44, 103, 118
Reality Sandwiches 7
Saat der Gewalt 55
Sergeant Pepper 76
Sience and Sanity 14, 34
Spare Ass Annie *112, 138*
Speed 82
The Cut-Ups 69, *71*
The Last Words of Dutch Schultz 80, 90
The Place of Dead Roads 102, 118
The Soft Machine 67, 68, 71, 118, 119
The Subterraneans 49, *50/51*
The Third Mind 76
The Ticket That Exploded 69, 71, 118, 119
The White Negro 33
The Wild Boys 77, 80, 82, 112, 114, 118, 119, 121
Towers Open Fire *30*, 69, *71*
Tristessa *40*
Untergang des Abendlandes 34
Wendekreis des Krebses 67
Western Lands 18, 107, 117, 118, 124
You can't win 24

Namen:

Adams, Joan 34, 36, 37, 38, 39, 40, 41, 42, 43, 44, 103
Adams, Julie 38
Adorno, Theodor 125
Anderson, Laurie 11, 73, 90, 103
Ansen, Alan 49, *52*, 54, 55, 56, 67
Aranowitz, Myles *100/101*
Arbus, Diane 75
Auden, W.H. 49
Avedon, Richard 75
Bacon, Francis 109
Balch, Anthony *30*, 69, *83*, 85, *122*
Ballard, J.G. 109
Barrault, Jean-Louis 76
Barthes, Roland 125
Baudelaire, Charles 25
Baudrillard, Jean 125
Beach, Mary *102*
Beach, Sylvia *102*
Beard, Peter 87
Beckett, Samuel 14, 61
Beiles, Sinclair 61, 65
Berrigan, Ted 75
Black, Jack 24
Blumb, Jon *16/17*, 109, *112, 137, 138, 141*
Bockris, Victor 87, *96/97*, *102, 144*
Bourgeois, Louise 114
Bowie, David 78, 80, *96/97*
Bowles, Paul 49, *52*, 54, 55, 60, 67, 68, 75, 114
Breger, Udo *16/17*, *105*
Brinkhoff, Ralph *110/111*
Brookner, Howard 102
Brossard, Chandler 33
Brown, Norman O. 118
Bruce, Lenny 54

Burckhardt, Jacob 103
Burgess, Anthony 21
Burns, Glen 8, 117
Burroughs, Ilse 29
Burroughs, Laura Lee (Mutter) 23, 25, 31, 76, 80
Burroughs, Mortimer (Bruder) 23, *25*, 80, 99
Burroughs, Mortimer (Vater) 23, 24, *25*, 31, 75
Burroughs, William III. (Sohn) 38, 46, 69, 71, 77, 82, 87, 89, 92
Cage, John 9, 90
Calder, John 69
Capote, Truman 33
Carr, Lucien 33, 35, 43, *49*
Carson, Audrey 119, 121
Carson, Kim 102, 124
Cassady, Carolyn *100/101*
Cassady, Neal 18, 39, *50/51*, *76*, 77
Castaneda, Carlos 125
Chamberlain, Wyn 75
Chandler, Raymond 34, 118
Chapman, Harold *1*, *65*
Charters, Ann *83*, *100/101*
Chase, Hal *35*, 34, 42
Christiane F. 99
Cocteau, Jean 34
Cohen, Ira *96/97*, *102, 103, 104, 106, 107, 120*
Coleman, Ornette *103*
Coleridge, Samuel T. 27
Condo, George 109
Corso, Gregory 49, 52, 57, 58, 65, 67, *86*, 87, *95, 100/101*
Creeley, Robert *100/101*
Crick, Francis 73
Cronenberg, David *21*, *113*, 114
Crowly, Aleister 125
Cunningham, Merce 90
de Gourmont, Remy 25
de Palaminy, François *104*
Debord, Guy 125
Dent, John 55
Derrida, Jaques 125
Dillon, Matt 112
Donleavy, J.P. 61
Dylan, Bob 7, 118
Einstein, Albert 127
Elliot, T.S. 27
Elvins, Kells 24, 29, 38, 40, 41, 42
Fagan, Larry *100/101*
Federn, Dr. 23, 30
Ferlinghetti, Lawrence 56, *100/101*
Forcade, Tim *108*
Ford, Charles Henri *63*
Foucault, Michel 118
France, Anatole 25
Frank, Robert *100/101*
Fraudreau, Martin *6*
Garver, Bill 37
Gatewood, Charles *66, 77, 79, 81*
Gehner, Ulrich *19*
Genesis P-Orridge 109
Genet, Jean 77
Gibson, William 18, 125

Gide, André 25
Ginsberg, Allen 7, 11, 14, 18, *32*, 33, 34, 37, 38, 40, 43, 44, 45, *47*, *48*, 49, *50/51*, *52*, 54, 56, 57, 58, *68*, 67, 75, 76, 82, 85, 87, *88*, 89, 90, *95*, *100/101*, 102, *109*, 112, 114, 118, 125
Giorno, John 90, *91*, *103*
Girodias, Maurice 58, 61, 82
Glass, Philip 90
Gould, Elliot 90
Grauerholz, James *16/17*, 85, 90, 91, 92, *96/97*, 104
Grossmann, Bobby *96/97*
Grosz, George 34
Gysin, Brion 15, *16/17*, *58*, 60, 61, 62, 65, *66*, 67, *68*, 69, *71*, *74*, 75, 76, *77*, *79*, 82, *83*, 85, 90, 91, 92, *103*, 104, 109
Haley, Bill 55
Hall, William Seward 124
Hamilton, James *91*
Hammett, Dashiell 34
Haring, Keith *107*
Harry, Debbie *96/97*
Hartmann, Walter *24*
Heisenberg, Werner 127
Hell, Richard 87
Helnwein, Gottfried *12/13*
Hemmingway, Ernest 103
Henrichs, Elisabeth *110/111*
Herzfeld, Ilse 28, 29
Heying, Philip *98*, *126*
Hinz, Volker *12/13*
Hitler, Adolf 24
Hoffman, Abbie 78, *100/101*
Holmes, John Clellon *50/51*, *100/101*
Homer, Rachel 87
Hopper, Dennis 90
Hubbard, Ron 77, 125
Huncke, Herbert 37, *39*, *50/51*, 76, *100/101*
Hutton, Barbara 53
Hutton, Lauren 92
Inferential Kid 90
Isherwood, Christopher 21, 87
Jackson, Robert H. *59*, *64*, *69*, *70*, *71*, *91*
Jagger, Mick 80, 82, *96/97*
Jansen, Peter W. 75

Joyce, James 14, 21, 127
Jurado, Katy 44
Kammerer, Dave 34, 35
Keen, Graham *74*
Kennedy, John F. 68
Kerouac, Jack 7, 14, 18, 21, *32*, 33, 34, 35, 36, 39, 44, *48*, 49, *50/51*, *55*, 56, 57, 61, 68, 80, 92, *100/101*, 114, 118
Kesey, Ken *76*, *100/101*
Kinsey, Alfred *50/51*
Korzybski, Graf Alfred 14, 30, 34
Kresnik, Paul *100/101*
Kristeva, Julia 125
La Chata, Lola 41
Lagarde, François *90*
Leary, Timothy 67, 68, *76*, 90, *100/101*, *126*, 127
Lee, Ivy (Onkel) 24, 28, 61
Lee, William 7, 46
Levine, Les *91*
Lothringer, Sylvère 90
Lowe, Steve *87*
Lunch, Lydia 90
Lydenberg, Robin 125
Lyon, Nelson *12/13*, *115*, *143*
Mailer, Norman 21, 33, 69
Malanga, Gerard *2*, *79*, *84*, *96/97*
Malina, Judith *102*
Mapplethorpe, Robert *93*
Marcuse, Herbert 118
Marx, Karl 76
Marx-Brothers 15, 32
Maupassant, Guy de 25

McCarthy, Eugene 78
McCarthy, Joseph
McCarthy, Mary 69
McCartney, Paul 69
McLuhan, Marshall 73, 125
Mendelssohn-Bartholdy, Felix 28
Micheline, Jack *100/101*
Miles, Barry *60*, *61*, 75
Miles, Steve *16/17*
Miller, Henry 67, 69
Minihan, John *130*
Mohatir, Mohammed 109
Montgomery, John *41*
Morgan, Ted 15, 103, 104
Mussolini, Benito 25
Nabokov, Vladimir 61, 69
Newton, Isaac 127
Nicosia, Gerald *100/101*
Nietzsche, Friedrich 21
Nixon, Richard 82
O'Neill, Terry *78*
Odier, Daniel 80
Opium Jones 76
Oppenheimer, Robert 25
Orlovsky, Peter *52*, 56, *95*, *100/101*
Parker, Edie 34
Pasternak, Boris 61
Pivano, Fernanda *100/101*
Planck, Max 127
Ploog, Jürgen 8, 11, *16/17*
Poe, Edgar Allan 76
Pollock, Jackson 9
Portmann, Michael 67, 69, 76

Pound, Ezra 71
Proust, Marcel 31
Pynchon, Thomas 127
Rafelson, Bob 109
Rauschenberg, Robert 99, 109
Reed, Lou *96/97*
Reich, Wilhelm 34, 72, 125
Resnick, Marcia *10*, *91*, *94*, *95*, *96/97*, *103*
Richards, Keith 90
Rimbaud, Arthur 46, 102
Rinpoche, Chögyam Trungpa 125
Rivers, Larry 75
Roeg, Nicholas 87, 109
Rooks, Conrad 76
Rossett, Barney 67
Rotten, Jonny 90
Sanders, Ed 90
Schlesinger, Arthur 99
Schulthes, Richard Evans 45
Schultz, Dutch 80
Shakespeare, William 27, 127
Silverberg, Ira *87*,102
Skerl, Jenny 125
Smith, Patti 87, 90
Soft Machine 76
Sommerville, Ian 61, 62, 65, 67, 68, 69, *70*, 76, 87
Sontag, Susan 87, 91
Southern, Terry 77, 90, *96/97*, 102
Spengler, Oswald 34
Stanwyck, Barbara 34
Steely Dan *100/101*
Sting 102
Swift, Jonathan 21
Tappe, Horst *72*
Tercerero, Dave *40*, 41
The Beatles 69, 76
Tikhomiroff, Nicolas *64*
Truman, Harry 35
Tuchman, Barbara 99
Tytell, Mellon *86*, *100/101*
Updike, John 21
Valérie, Paul 9
Van Sant, Gus 112
Villanueva, Esperanza *40*
Vonnegut, Kurt 102
Vortex, Jonny 90

Rückenansicht. (Nelson Lyon)
Seite 144: Mit einer Polaroid Kamera in der Wohnung von Victor Bockris, New York, 1981. (Victor Bockris)